实务精要与疑难解析系列

U0959238

资本市场

实务精要与疑难解析

北京恒都律师事务所 | 编

中国法制出版社
CHINA LEGAL PUBLISHING HOUSE

序 言

知识不在于独占而在于分享，眼界在一次次探索中无限扩展。恒都律师事务所是一家以资本市场、知识产权、商业诉讼为核心业务的顶尖的综合性律师事务所，本着“创新、探索、沟通”的精神，在2016年5月开通了“恒都法律研究院”微信公众号，通过该公众号平台发布恒都的最新研究成果、重大业绩新闻等文章，每篇文章均由恒都专业律师团队结合实践经验、经过深入研究撰写而成。恒都开通“恒都法律研究院”旨在为业内外人士传递最新的司法观点、典型案例，并就感兴趣的问题进行交流沟通。

“恒都法律研究院”上所发布文章的特点主要表现在以下几个方面：

第一，体系完整、研究深入。所有文章均围绕“资本市场”“知识产权”“商业诉讼及综合法律业务”3个恒都核心业务领域，同时恒都律师分为数十个研究课题组，各律师在其所属课题组内进一步细化选择研究方向，进行深入化、精细化的研究分析，从而保证了研究院文章整体的完整性和在具体问题上的研究深度。

第二，选题新颖、见解独到。针对各专业领域的前沿研究方向或者实务焦点，恒都律师习惯并善于提出新思路、新见解，力求通过不断探索，将司法理论和实践中的模糊地带逐渐明晰化，且恒都律师提出的很多新观点已经得到了业内专业人士的认同和司法、行政机关在审理审查中的认可。

第三，内容精准、价值性高。“恒都法律研究院”中所发布的文章，无论是法律研究、案例分享、时事评述、新法解读等，均经过律师团队的审慎考虑和反复推敲，同时与实践紧密结合，信息精准、启发性强，对于理论研究和实践指导均具有较高的参考价值。

正因为“恒都法律研究院”所发布文章的一系列特点和优势，其自开办以来，获得了行业内专业人士、大众读者的普遍好评。为了便于读者学习和研究历史文章，我们特将“恒都法律研究院”中近几年发布的文章分门别类地进行整理，并根据最新法律规定、实务规范，重新筛选、审阅修订，汇编为本丛书予以出版，以飨读者。

本丛书按照“资本市场”“知识产权”“商业诉讼及综合法律业务”3大板块，共分为3册，分别为《资本市场实务精要与疑难解析》《知识产权实务精要与疑难解析》《民商事实务精要与疑难解析》。

《资本市场实务精要与疑难解析》收录专业文章40篇，依据资本市场领域常见业务，分为“私募股权投资与风险投资”“证券”“公司综合与合规”“兼并和收购”“互联网金融”“反垄断及国家安全审查”“国企改革与产权交易”“境外投资”“资产证券化与结构融资”九类。

本丛书可谓集众智、汇众力。恒都和“恒都法律研究院”每一个阶段的发展与成就，都离不开各位恒都奋斗者的不懈努力，离不开各界朋友和广大客户的支持与厚爱。谨以本丛书的出版，向恒都的各位奋斗者致敬，向恒都的各界朋友和客户致谢！

编　者

2018年08月

目 录
CONTENTS

一、私募股权投资与风险投资

二、证 券

三、公司综合与合规

四、兼并和收购

五、互联网金融

六、反垄断及国家安全审查

七、国企改革与产权交易

八、境外投资

九、资产证券化与结构融资

一

私募股权投资与风险投资

私募基金管理人登记法律意见书反馈问题及解答方略

私募股权投资与风险投资专业组　田婷婷律师

2016 年 2 月 5 日，中国基金业协会发布《关于进一步规范私募基金管理人登记若干事项的公告》，要求申请私募基金管理人登记机构通过私募基金登记备案系统提交中国律师事务所出具的法律意见书。根据基金业协会私募登记备案月报第 25 期，截至 2017 年 2 月底，中国证券投资基金业协会已登记私募基金管理人 18306 家。已成功备案的私募基金管理人就意味着有万余份的法律意见书，每份都闪耀着律师智慧的光芒。

下面主要介绍一下法律意见书在基金业协会审核过程中常见的反馈问题及解答方略。

经营范围常见反馈问题

反馈问题一：私募基金管理人应当于经营范围整改完毕后再重新提交法律意见书。中国证券投资基金业协会暂不接受承诺性表述。

反馈问题二：贵公司经营范围“企业管理服务”不符合专业化经营的原则，请做工商变更。

解答方略：

首先，申请机构的名称和经营范围中必须包含“基金管理”“投资管理”“资产管理”“股权投资”“创业投资”等与私募基金管理人业务属性密切相关的字样；若没有，则需要通过变更经营范围予以整改。其次，包含上述字样的各项经营范围之间不能存在冲突。申请机构的工商登记经营范围及实际经营业务不能包含民间借贷、民间融资、配资业务、小额理财、小额借贷、P2P/P2B、众筹、保理、担保、房地产开发、交易平台等与私募投资基金业务存在冲突的业务。除上述明确禁止存在的业务外，不允许存在非金融业务、不允许存在卖方业务。如果存在，则应通过变更经营范围进行整改。再次，“企业管理咨询”不能出现在私募基金管理人的经营范围中；此外，“财务咨询”“财务顾问”“资产重组及并购策划”等为卖方业务，经营范围中也不允许出现。最后，申请机构的名称中是否存在“私募”字样，基金业协会并不做强制要求。

专业化经营原则常见反馈问题

反馈问题一：专业化经营应通过现场走访和网络搜索等途径核实其实际开展业务情况，详细描述网络舆情信息。

反馈问题二：请详述专业经营的尽职调查过程和核实依据。

反馈问题三：从专业化经营和防范利益冲突的角度出发，贵机构的经营范围应突出主营业务。

解答方略：

针对专业化经营除核查营业执照外，还需要核查申请机构的业务合同、网络舆情，重点核查申请机构是否存在向公众公开宣传、募集私募基金的行为，是否经营与私募投资基金业务存在冲突的业务，是否兼营与私募投资基金业务不相关业务，是否兼营非金融业务等。

通过核查网络舆情，发现申请机构存在兼营民间借贷、民间融资、配资业务、小额理财、小额借贷、P2P/P2B、众筹、保理、担保、房地产开发、交易平台等与私募投资基金业务存在冲突的业务，基金业协会将不予登记。是的，你没有看错，协会将不予登记，就是这个公司永远都不能登记为管理人，永远……

股东结构情况常见反馈问题

反馈意见：请在《私募基金管理人登记法律意见书》中对股东背景、高管履历进行披露。

解答方略：

首先，若股东为法人，则应披露“企业信用信息公示系统”所载信息；其次，若股东为自然人，则应披露其完整的履历情况，包括有无从业资格、从业资格取得方式（通过考试/资格认定）、高管岗位设置合规情况。

实际控制人常见反馈问题

反馈意见一：请补充实际控制人工作履历等背景资料。

反馈意见二：实际控制人不是高管，不参与经营管理，请说明情况。

解答方略：

首先，若实际控制人为法人，则应披露“企业信用信息公示系统”所载信息；其次，若股东为自然人，则应披露其完整的履历情况，同时披露实际控制人的控制方式和控制关系图。

实际控制人不担任申请机构高管的，按照实际情况披露实际控制人不担任高管的原因。

关联方常见反馈问题

反馈意见一：法律意见书未披露关联方信息，请如实披露。

反馈意见二：贵机构存在关联方，请解释说明利益冲突、关联交易等情况，并说明在基金业协会登记备案情况，以及是否从事私募基金业务。

若从事，为何未在基金业协会登记备案，并说明关联方是否存在相关冲突业务，如小额贷款、互联网金融、融资配资等。请承诺未来不会发生利益输送等行为。

解答方略：

首先，律师应完整地在法律意见书中披露申请机构的关联方；其次，律师应核查关联方之间是否存在关联业务、关联交易、利益冲突、同类业务等关联情况，并核查关联方是否登记为私募基金管理人，是否从事私募基金业务、相关冲突业务（小额贷款、互联网金融、融资配资等）；最后，若存在关联交易，律师应就关联交易是否存在利益冲突、利益输送、风险隔离发表意见。

运营基本设施和条件常见反馈问题

反馈意见一：贵机构人数较少，请详细描述：在开展业务时的募集销售、投研决策、合规风控、估值清算等一系列与投资业务相关的前、中、后台的人力支持情况。

反馈意见二：请详述所有员工的履历和从业资质等信息，并说明高管及从业人员的专兼职情况。

反馈意见三：请提高注册资本金，实缴资本金要求200万元以上（不包括200万元）。（请提高实缴资本金，或详述实际运营中具体支出和资金来源并判断机构能否维持未来半年的运营。）

解答方略：

首先，若申请机构人数较少，其内部人员无法保证运营过程中的内部控制和风险控制，缺少募集销售、投研决策、合规风控、估值清算等一系列投资业务的人力支持，建议申请机构适当增加人员；其次，基金业协会并非一概禁止从业人员兼职，若申请机构有从业人员兼职，应在法律意见书中详细说明；最后，基金业协会先前的审核标准中并未有针对实缴出资的要求，常见的核查标准在于申请机构的实缴资本金能否维持6个月以上的运营。如果申请机构被反馈提高实缴注册资本，申请机构应按照基金业协会的反馈信息进行整改。

风险管理和内部控制制度常见问题反馈

反馈意见：《私募基金登记备案相关问题解答（八）》在《私募基金管理人登记法律意见书指引》的基础上对风险管理和内部控制制度的评估提出了进一步细化要求。《私募基金登记备案相关问题解答（八）》于2016年3月18日发布，大量法律意见书在此之前已经提交，故基金业协会要求《私募基金管理人登记法律意见书》对私募基金管理人风险管理和内部控制制度是否具备有效执行的现实基础和条件予以说明。

解答方略：

根据《私募基金登记备案相关问题解答（八）》的规定，律师应按照下列逻辑论述申请机构是否具备有效执行风险管理和内部控制制度的现实基础和条件：

第一，制度有没有规定是否制定风险管理和内部控制制度；第二，已制定的制度符合《私募投资基金管理人内部控制指引》的规定；第三，已制定的制度具备有效执行的现实基础和条件。

基金外包服务协议常见反馈问题

反馈意见：鉴于申请机构员工人数较少，请核实申请机构在将来是否具有签订外包服务的意愿或计划。

解答方略：

基金业协会鼓励申请机构（尤其是从业人员人数较少的申请机构）聘

请基金外包服务机构达到风险控制和内部控制的目的。若申请机构员工人数较少可向基金业协会作出承诺，承诺具有外包意愿，将视业务开展情况聘请基金外包服务机构，以满足申请机构在基金销售、销售支付、份额登记、估值核算、信息技术系统等方面的需求和人力支持。

高管人员常见问题反馈

反馈意见一：1. 经上会讨论过后，我们参照行业一般运营实践情况，认为贵机构没有描述高级管理人员基金管理行业的相关从业经验，应当补充描述机构如何正常开展证券基金的运营。2. 请详细描述：在开展业务时的募集销售、投研决策、合规风控、估值清算等一系列与投资业务相关的前、中、后台的人力支持情况。

反馈意见二：高管均在别的企业担任职务，请说明高管和员工具体兼职情况，并解释说明若存在员工兼职的情况下，如何保证业务正常开展、内部制度有效落实。

解答方略：

首先，证券类基金管理人的标准严于其他类型的私募基金管理人。基金业协会已经开始关注其高管的从业经验。律师应在法律意见书中对高级管理人员乃至其他员工的基金业/证券业从业经验、工作履历、投资业绩、业务能力等方面进行披露，若缺乏相应从业经验，建议申请机构在提交法律意见书前调整高管人员为具备相应从业经验的人员。

其次，《私募基金登记备案相关问题解答（十二）》明确规定的底线是高级管理人员不得在非关联私募机构兼职，但未明确禁止高级管理人员在非私募机构兼职。律师除了在法律意见书中完整披露高管兼职情况外，还应说明兼职的合理性、风险隔离措施、同时履职胜任能力等。

如何制止私募基金违规乱象

私募股权投资与风险投资专业组　王玮律师

近两年，在基金业协会登记的私募基金管理人呈现井喷式增长，私募基金呈现野蛮增长的态势。近期，许多私募基金进入兑付高峰期，违约和跑路现象层出不穷，违规方式花样百出。私募基金变相公募、突破合格投资者标准、私募基金管理失职、违规运作、登记备案的信息失真、合规意识薄弱、明股实债性质的私募基金产品兑付压力非常大。

很多违规企业打着私募的名号，挑战着法律法规的底线。现在我们来看一看私募基金违规乱象是怎么回事，以及应当如何制止。

一、私募基金乱象怎么个乱法

私募基金违规手段非常多，较为常见的为投资者资金被吞，血本无归，如投资者向北京证监局举报其购买的某私募基金产品到期后连本带息都没有收回；私募产品与登记不符，远超出登记的范围；一些私募基金利用虚假宣传，承诺收益等违规手段取得投资人超额的投资款。就 2016 年的证监会查处结果来看，4 家机构涉嫌非法集资，6 家存在保本收益、挪用基金资产、资金混同等行为，65 家存在公共募集、未按合同约定托管基金财产及进行信息披露、证券类私募机构从业人员无从业资格等一般性违规问题。另外，还有 199 家私募机构存在登记备案信息不准确、更新不及时、合格投资者管理制度不健全等不规范问题。针对 4 家涉嫌违法犯罪的私募机构，证监局将其移送地方政府或公安部门，并对其中的3家采取了行政监管措施。针对6家私募机构承诺保本、保收益的违规私募也采取了相应的行政监察措施，对其他失联机构启动了失联程序，并及时向社会公示，个别违规私募机构的负责人也被采取行政检查措施。

典型的私募基金违法违规行为主要有以下几种：

（一）向不特定对象公开宣传和推介私募基金产品。部分违规私募机构存在通过网站向不特定对象推介宣传私募基金产品的违规行为。有些机构公开推介私募基金，向非合格投资者募集资金；有些机构不能勤勉尽责，因投资失败而“跑路”；更有甚者，借私募基金名义搞非法集资，从事利益输送、内幕交易、操纵市场等违法犯罪行为。

（二）滥用中国基金业协会的登记备案信息，非法自我增信，甚至从事违法违规行为。中国基金业协会在官方网站及公开场合多次强调，私募基金登记备案不是行政许可，协会对私募基金登记备案信息不做实质性事前审查。但有些机构利用私募基金管理人登记身份、纸质证书或电子证明，故意夸大歪曲宣传，误导投资者以达到非法自我增信目的。有的“挂羊头卖狗肉”，借此从事P2P、民间借贷、担保等非私募基金管理业务。有的借私募基金之名从事非法集资等违法犯罪活动。还有的倒卖私募基金管理人登记身份，非法代办私募基金管理人登记。

（三）有些违规私募机构法律意识淡薄、合规意识缺乏，没有按规定持续履行私募基金信息报告义务。尽管机构在申请时已书面承诺其登记备案信息真实、准确、完整，并将按要求持续向中国基金业协会报送季度、年度和重大事项信息，但为数不少的机构存在不如实填报信息，不如实登记多地注册的多个关联机构或分支机构，未按要求更新报送信息的情况，甚至长期“失联”。

（四）私募机构募集时未对投资者进行有效风险测评，并向不合格投资者募集资金。

（五）私募机构投资运作行为违规，挪用或侵占基金财产。

（六）部分私募机构管理的私募基金存在保本保收益情形。例如，某违规私募基金合同中约定的分期支付利息和收益，以及期末大股东约定回购的条款，涉嫌变相或暗示承诺保底保收益。

（七）私募机构二级市场证券投资行为违法违规。

（八）有些机构不具备从业人员、营业场所、资本金等企业运营的基本设施和条件；有些机构内部管理混乱，缺乏有效健全的内控制度；有些从业人员自律意识不强，不具备从事资产管理业务的基本素质和能力。

二、如何制止乱象

从2016年开始，相关部门对私募基金行业的监管逐步升级，为保护投资者合法权益，促进私募基金行业规范健康发展，发挥行业自律的基础性作用。中国基金业协会于2016年2月5日发布了《关于进一步规范私募基金管理人登记若干事项的公告》，规定：

1. 自本公告发布之日起，新登记的私募基金管理人在办结登记手续之日起6个月内仍未备案首只私募基金产品的，中国基金业协会将注销该私募基金管理人登记。

2. 自本公告发布之日起，已登记满12个月且尚未备案首只私募基金产品的私募基金管理人，在2016年5月1日前仍未备案私募基金产品的，中国基金业协会将注销该私募基金管理人登记。

3. 自本公告发布之日起，已登记不满12个月且尚未备案首只私募基金产品的私募基金管理人，在2016年8月1日前仍未备案私募基金产品的，中国基金业协会将注销该私募基金管理人登记。被注销登记的私募基金管理人若因真实业务需要，可按要求重新申请私募基金管理人登记。对符合要求的申请机构，中国基金业协会将以在官方网站公示私募基金管理人基本情况的方式，为该申请机构再次办结登记手续。

随后，基金业协会在2016年清理了过万家空壳私募机构。

新规还要求：

1. 私募基金管理人提交法律意见书，引入法律中介机构的尽职调查，新申请私募基金管理人登记机构，需通过私募基金登记备案系统提交《私募基金管理人登记法律意见书》作为必备申请材料，已登记且尚未备案私募基金产品的私募基金管理人，应当在首次申请备案私募基金产品之前按照上述要求补提《私募基金管理人登记法律意见书》，已登记的私募基金管理人申请变更控股股东、变更实际控制人、变更法定代表人或执行事务合伙人等重大事项或中国基金业协会审慎认定的其他重大事项的，应提交《私募基金管理人重大事项变更专项法律意见书》。

2. 对私募基金管理人高管人员基金从业资格做出了特别要求，有以下特点：一是针对从事非私募证券投资基金业务的私募基金管理人的高管人员资质要求作出了差异化安排。二是各类私募基金管理人的合规与风控负责人不得从事投资业务。三是修改完善了以认定方式取得基金从业资格的方式，扩大了受认可的其他专业资格考试范围，但增列了通过基金从业资格考试科目一《基金法律法规、职业道德与业务规范》考试的附加要求。四是要求私募基金管理人的高管人员每年度完成15学时的后续执业培训。

3. 私募基金管理人应当及时履行信息报送义务，要求自本公告发布之日起，按照《私募投资基金管理人登记和基金备案办法（试行）》和中国基金业协会的相关规定，已登记的私募基金管理人未按时履行季度、年度和重大事项信息报送更新义务的，在私募基金管理人完成相应整改要求之前，中国基金业协会将暂停受理该机构的私募基金产品备案申请。

为加强私募基金管理人严格履行信息报告义务，在私募基金管理人完成季度、年度及财务报告、重大事项报告等相应信息报送整改要求之前，中国基金业协会将暂停受理该机构的私募基金产品备案申请。对于累计两次未更新履行信息报送义务者，将其列入异常机构名单，实现让失信者“一处失信，处处受限”的诚信约束。针对被列入企业信用信息公示系统严重违法企业公示名单的机构，中国基金业协会采取了不予登记、暂停受理该机构的私募基金产品备案申请、列入异常机构名单等配套措施。

三、结语

私募基金行业是我国财富管理行业的新生力量，满足居民多元化投融资需要，管理着大量社会财富，投资未来、投资创新，为资本市场健康发展、长期资本形成、服务实体经济和国家创新创业战略提供了重要支持。私募基金是面向特定对象提供资产管理服务的行业。信托关系是私募基金赖以存在发展的基础法律关系，私募基金管理人须履行诚实信用、专业勤勉的受托人义务，私募基金应当采取非公开方式向特定的合格投资者募集资金；私募基金募集机构和投资者应当严格履行合格投资者确认程序，私募基金管理人不得向投资者承诺投资本金不受损失或者承诺最低收益。投资者则按其出资份额及合同约定分享投资收益、承担投资风险。

监管层对私募产品的全方位规整从2016年便开始了，先后发布了《私募投资基金管理人内部控制指引》《私募投资基金信息披露管理办法》《关于进一步规范私募基金管理人登记若干事项的公告》《私募投资基金募集行为管理办法》《私募投资基金合同指引》等多部新规予以规范。随着监管层的大力整治以及投资者合规意识的提高，私募基金乱象一定可以得到有效的遏制。

PE 核心投资条款解析

私募股权投资与风险投资组　司瑞律师

PE（私募股权投资）投资项目的流程至少经过项目筛选、合同签署、投后运作、项目退出四个阶段。在合同签署前，投资方要对拟投项目进行调研、签署投资备忘录和条款清单，要进行业务、法律、财务三个方面的尽职调查，在中介机构尽职调查的基础上，经过投资方内部审议后，再确定是否与标的公司进入实质性谈判环节。

在实践中，投资方与标的公司的谈判在中介机构未进场调查或未出具尽调报告前就已经开始了，投资方在了解尽职调查结果并与中介机构沟通后，会调整与标的公司谈判的策略，向标的公司争取更优的投资方式与价格，而这些谈下来的内容，最终都会体现在投资协议中。本文将对投资协议的核心条款进行解析。

一、先决条件条款

先决条件条款是投资方对标的公司进行投资的基础，先决条件主要涉及标的公司及原股东在过渡期内应保持相关条件不发生不利变化及在过渡期内标的公司应落实的新条件。先决条件未全部达成的，除非投资方豁免或声明放弃，否则投资方有权暂停或终止投资并根据协议约定不承担相应责任。

相关条件不发生不利变化的条款举例：

1. 标的公司在本协议签署后商业、技术、法律、财务等方面无各项重大负面变化，并且没有分红、分配或其他超出标的公司正常运营范围的事项。

2. 过渡期内，除标的公司日常经营业务需要外，标的公司未在任何资产或财产上设立或允许设立任何权利负担；除标的公司日常经营业务需要外，标的公司没有以任何方式直接或者间接地处置其主要资产，也没有发生或承担任何重大债务。

3. 过渡期内，标的公司不得提高或承诺提高其应付给其雇员的工资、薪水、补偿、奖金、激励报酬、退休金或其他福利。

应落实新条件的条款举例：

1. 标的公司及原股东向投资方提交了令投资方满意的为实施本次投资所有必要的法律文件，包括但不限于政府部门批复（如需）、第三方同意文件（如需）、经全体股东签署的股东会决议及经标的公司法定代表人签字并加盖公章的标的公司章程修正案等。

2. 标的公司按照本协议的相关条款修改章程并经所有股东正式签署，该等修改和签署业经投资方以书面形式认可。

3. 投资方已完成对标的公司的业务、财务、法律尽职调查且未发现标的公司存在重大违法违规情形。

二、承诺与保证条款

对于某些经过尽职调查仍然不能确定，且该事实的确定直接影响投资方是否投资的，投资方一般要求标的公司及原股东作出承诺。由于 PE 投资项目能够实现利益最大化的投资退出方式一般为 IPO，故该项承诺指向的条款往往与上市条件相关。

条款举例：

1. 业务合法合规。标的公司已分别合法取得生产经营活动所需的全部证照、批准、批复、同意、授权和许可，标的公司不存在任何违反或超出上述文件要求的行为或者情形，标的公司不存在任何违规开展业务的情况。

2. 资产权属清晰。对于向投资方披露的属于标的公司的任何资产，完全为标的公司所合法拥有、管理、控制和经营，不存在任何权属瑕疵，不附带任何负债或其他潜在责任，不存在侵犯任何第三方合法权益的情形，亦不存在任何针对上述资产的诉讼、仲裁或争议等；标的公司对与其主营业务相关的知识产权合法取得、有效拥有，没有侵犯任何第三人合法权益的行为。

3. 避免同业竞争和显失公平的关联交易。标的公司的业务独立于控股股东、实际控制人及其控制的其他企业，与控股股东、实际控制人及其控制的其他企业间不存在同业竞争，以及影响标的公司独立性或显失公允的关联交易。

三、公司治理条款

主要指投资方向标的公司派出董事、监事，并通过股东会依法授权的方式，扩大董事会的权力范围，通过董事会、监事会对标的公司的日常经营活动施加影响。大多数投资协议都会约定投资方及其委派董事针对标的公司重大事项的一票否决权。

条款举例：

无论下述事项的决策机构是股东会还是董事会，均需取得投资者或投资者选派的董事的同意方可通过：

1. 标的公司合并、分立、解散或终止，或者标的公司并购，以及标的公司控制权出售或把标的公司的全部或者实质性的资产或业务出售或转让给第三方等；

2. 变更标的公司形式；

3. 修改标的公司章程；

4. 增加或回购任何股份；

5. 任何股利的支付；

6. 批准员工期权计划；

7. 制定或修改标的公司的年度计划和预算；

8. 标的公司业务方向发生重大变化，或开拓新的业务方向；

9. 处置标的公司的重要资产，包括房产、土地使用权、知识产权或其他重要的资产；

10. 批准标的公司薪酬体系及具体方案；

11. 采纳任何涉及诉讼、仲裁或争议要求的和解方案；

12. 对外投资、捐赠、借款；

13. 增加或减少注册资本。

四、反稀释条款

在 PE 进入标的公司时，都会约定反稀释条款来保证自己的股权不因标的公司进行后续融资而被摊薄，其救济措施是标的公司控股股东对投资方进行股权或现金补偿。

在任何情况下，如果标的公司引入新投资方的每股价格低于投资方取得标的公司股权的每股价格，则投资方有权要求标的公司、创始股东将其间的差价返还投资方，投资方有权要求创始股东以一元的对价相应转让其所持标的公司的股权给投资方，以保证投资方的股权不被新投资方稀释。

五、共同出售权条款

顾名思义，共同出售权即投资方与创始股东一同向第三方出售股权的权利，投资方可以借此实现退出。

创始股东经投资方书面同意向标的公司股东以外的第三方转让其股权时，投资方有权（但无义务）按第三方给出的相同条款和条件，根据创始股东及投资方当时的持股比例共同出售股份。投资方选择按相同条款和条件与创始股东按持股比例共同出售股份给同一受让方的，创始股东应保证受让方优先购买投资方的股权。

六、优先认购权条款

该优先认购权不同于所有股东按照其持有标的公司股权比例认购标的公司新增注册资本的优先增资权，该优先认购权仅针对投资方，投资方可以认购标的公司全部或部分新增的注册资本（前提是所有股东均签署投资协议确认同意），也可以放弃认购。

本次投资完成后，原股东转让所持标的公司股权给任意第三方的，应经投资方事先书面同意，并在同等条件下投资方享有优先于任何一方的购买权；同样，投资方对于标的公司新增注册资本或增发的新股亦享有优先于任何一方的认购权，即在其他股东表示行使优先购买权的前提下，优先满足投资方受让创始股东的标的公司股权或标的公司新增注册资本或增发的新股，除非投资方书面放弃，否则其他股东不得购买。

七、估值调整条款

PE 主要是对未上市企业进行投资，投资方对标的公司的估值较为灵活，无须履行监管机构对上市公司要求的严苛程序。一般按照标的公司未来年度预计净利润的市盈率倍数确定标的公司估值，故标的公司的实际价值与估值极可能存在较大差异，约定估值调整机制是对投资方权利保护的有力举措。

根据最高人民法院的司法判例，投资方与标的公司股东签署的对赌条款是签署方处分其各自财产的行为，应当认定为有效；但投资方与标的公司签署的对赌条款则涉及处分标的公司的财产，可能损害其他股东、债权人的利益，或导致股权不稳定和潜在争议，因而会被法院认定为无效。

根据标的公司2019年净利润的盈利预测1000万元的13倍P/E确定标的公司100%股权的投前估值将不超过13000万元，各方一致同意，如投资协议约定的业绩承诺期间标的公司累积实际净利润在10400万~15600万元区间，即累积承诺净利润80%~120%，则应对标的公司进行估值调整。

调整后的标的公司估值=累积实际净利润/累积承诺净利润×100%×13000万元。

八、回购权条款

回购权主要发生在标的公司及控股股东未完成业绩承诺且差距过大、违反投资协议中的承诺与保证条款或者出现其他严重影响投资方权利实现的情形时，投资方按照事先确定的回购方式、回购价格等，要求控股股东回购其股权。

条款举例：

当出现以下情况时，投资方有权要求创始股东回购投资方所持有的标的股权：

1. 不论任何主观或客观原因，标的公司未能在2022年12月31日以前成功实现资本化运作；

2. 在2022年12月31日之前的任何时间，创始股东或标的公司明示放弃本协议项下的标的公司资本化运作安排；

3. 当标的公司累计新增亏损达到150万元时；

4. 因适用法律法规或监管政策的要求，标的公司无法持续经营主营业务，或者主营业务受到重大不利影响；

5. 标的公司或创始股东（实际控制人）实质性地违反其作出的陈述与保证，或违反其义务。

九、优先清算权条款

通过标的公司破产清算实现退出是投资方不愿看到的，即使标的公司依法支付对外负债后留有余额，投资方分配到的也一般不能满足其投前的预估，但如果投资方与原股东约定了补偿义务，则能更好地保护投资方的权益。

清算委员会应根据适用法律法规规定的优先顺序以标的公司的资产支付清算费用和偿还标的公司的债务，如投资方在标的公司依法支付清算费用、职工工资、社会保险费用和法定补偿金，缴纳所欠税款和清偿标的公司债务后，投资方分配的款项不足投资本金 ×110% ×110%（假设投资年限为 2 年、约定清算时最低收益为 10%）的，则差额部分由创始股东于清算结束之日起 15 日内向投资方支付。

五条标准供你判断是合法私募还是非法集资

私募股权投资与风险投资专业组　司瑞律师

2017 年 4 月，中国证券投资基金业协会（以下简称基金业协会）发布了《关于失联私募机构最新情况及拟公示第十三批失联私募机构的公告》，笔者看到，中源诚信（北京）资产管理有限公司（以下简称中源诚信）赫然在列，中源诚信是最近陷入兑付危机的未来城专项资产管理计划的管理人。

背景资料：[①]

“2017 年 3 月初，投资者李玲（化名）发现，去年 2 月 5 日购买的未来城专项资产管理计划并未按期兑付。起疑心的李玲四处打听该计划的管理人中源诚信，最后被告知中源诚信相关负责人已处失联状态。

该计划募集规模 3 个亿，如今到期未兑付的资金规模为 1.9 个亿，募资用途为张家界未来城项目的基础设施建设、棚户区改造建设。

券商中国记者获悉，该资管计划的项目负责人此前已被刑事拘留，但由于当时并未到兑付期且中源诚信仍有其他联系人，故未引起投资人及托管人的注意。

据了解，近 2 亿元的募资中，约有 19 名持有人投资已到期，但未如期

① 背景资料内容来自微信号券商中国（ID：quanshangcn）。

兑付。部分持有人转而联系了项目融资方新鑫地产，却又得到了一个真假难辨的消息：新鑫地产否认收到融资款。

但无论是《融资服务协议》、抵押合同、承诺担保书、标的资产收益权转让合同、相关情况说明，均盖有中源诚信和新鑫地产的公章和法人代表的印章。

3月28日，托管人国信证券召开持有人沟通会，透露中源诚信管理人已被警方拘留，并表示已向公安报案，公安已正式介入调查，正全力协助公安及投资者查清事实，尽最大可能追回损失。”

在上述报道中，笔者注意到其中一句话——“新鑫地产否认收到融资款”。中源诚信是否根据约定向新鑫地产支付募集的款项，专项投资于新鑫地产，将是确定中源诚信是合法私募还是非法集资的关键。如何辨别是合法私募还是非法集资呢？建议大家重点关注以下几点：

一、是否向特定的合格投资者募集

《私募投资基金监督管理暂行办法》第二条规定，“本办法所称私募投资基金（以下简称私募基金），是指在中华人民共和国境内，以非公开方式向投资者募集资金设立的投资基金”。长期以来，存在某些以“投资顾问”“财富管理”等为企业名称的公司，通过发送短信、发放宣传单，邀请群众参加报告会领取免费小礼品，其真实目的是向参会人员进行项目推介，并以“委托理财”的名义，收取单个参会人员千元、万元以上不等的“理财款”。该模式涉嫌非法集资的情形至少为：

1. 向不特定对象募集。私募基金管理人、私募基金销售机构不得通过报刊、电台、电视、互联网等公众传播媒体或者讲座、报告会、分析会和布告、传单、手机短信、微信、博客和电子邮件等方式，向不特定对象宣传推介。

2. 向非合格投资者募集。私募基金的合格投资者是指具备相应风险识别能力和风险承担能力，投资于单只私募基金的金额不低于 100 万元且符合下列相关标准的单位和个人：

（1）净资产不低于 1000 万元的单位；

（2）持有银行存款、股票、债券、基金份额、资产管理计划、银行理财产品、信托计划、保险产品、期货权益等金融资产不低于 300 万元或者最近三年个人年均收入不低于 50 万元的个人。

下列投资者视为合格投资者：

（1）社会保障基金、企业年金等养老基金，慈善基金等社会公益基金；

（2）依法设立并在基金业协会备案的投资计划；

（3）投资于所管理私募基金的私募基金管理人及其从业人员；

（4）中国证监会规定的其他投资者。

二、是否违规承诺收益

根据《私募投资基金募集行为管理办法》第十五条的规定，私募基金募集应当履行下列程序：

（1）特定对象确定；（2）投资者适当性匹配；（3）基金风险揭示；（4）合格投资者确认；（5）投资冷静期；（6）回访确认。

结合对募集对象的限定和需要严格履行的募集程序，可以看出，对于投资私募，监管层态度比较谨慎。在一些非法集资的案例中，由“委托理财”公司与投资者签订《资产担保借款合同》等类似合同，许诺 20% ~ 40% 甚至更高的高额年化收益，且不讨论“委托理财”公司是否将款项交付项目方，该类合同本身就不是合法私募。

私募基金管理人、私募基金销售机构不得向投资者承诺投资本金不受损失或者承诺最低收益。私募本身是一种投资行为，投资的本质就是投资者风险自担，承诺在一定期限内以货币、实物、股权等方式还本付息或者给付回报，名为投资实为借贷，当然不是合法的私募形式，而在无任何内部控制及外部监控下，汇集众多人员的款项从事借贷，更是扰乱了国家的金融管理秩序。

三、是否超过投资者人数限制

公募基金及其管理人在资格取得、信息披露等方面都严于私募基金及其管理人，原因就是公募基金涉及不特定且人数众多的投资者（不少于200人），如果发生投资者兑付危机及其他负面事件，则社会影响巨大。在人数限定方面，私募基金的投资者人数最多不得超过200人，以有限公司和合伙制形式设立的，投资者人数不得超过50人。

需要提示的是，以合伙企业、契约等非法人形式，通过汇集多数投资者的资金直接或者间接投资于私募基金的，私募基金管理人或者私募基金销售机构应当穿透核查最终投资者是否为合格投资者，并合并计算投资者人数。

如果私募基金人数超出上述规定，则涉嫌非法集资。

四、是否通过登记、备案

虽然设立私募基金管理机构和发行私募基金不设行政审批，基金业协会也多次强调，为私募基金管理人和私募基金办理登记备案不构成对私募基金管理人投资能力、持续合规情况的认可；不作为对基金财产安全的保证。

但自2016年2月5日，基金业协会发布《关于进一步规范私募基金管理人登记若干事项的公告》以来，开始通过律师事务所出具私募基金管理人登记及重大事项变更法律意见书来控制源头，同时，证监会、基金业协会、公安机关、工商部门等联合起来，加大打击非法集资及其他私募违规的力度，整个私募市场的乱象得到了一定控制。

未通过甚至未申请私募基金管理人登记和私募基金备案，使得基金管理人及基金产品处于被监管之外，从形式上既不符合相关监管规定，也极有可能涉及非法集资。

五、是否具有真实的项目

笔者仅做个假设，如中源诚信未将投资款专项用于未来城专项资产管理计划并投资于新鑫地产，而是虚构该项目，以非法占有为目的，将获取的投资款恶意转移、携款潜逃等，则构成非法集资。

以下规定能够更好地帮助大家理解合法私募与非法集资的界限：

《私募投资基金监督管理暂行办法》(2014 年 8 月 1 日)

第二十三条　私募基金管理人、私募基金托管人、私募基金销售机构及其他私募服务机构及其从业人员从事私募基金业务，不得有以下行为：

（一）将其固有财产或者他人财产混同于基金财产从事投资活动；

（二）不公平地对待其管理的不同基金财产；

（三）利用基金财产或者职务之便，为本人或者投资者以外的人牟取利益，进行利益输送；

（四）侵占、挪用基金财产；

（五）泄露因职务便利获取的未公开信息，利用该信息从事或者明示、暗示他人从事相关的交易活动；

（六）从事损害基金财产和投资者利益的投资活动；

（七）玩忽职守，不按照规定履行职责；

（八）从事内幕交易、操纵交易价格及其他不正当交易活动；

（九）法律、行政法规和中国证监会规定禁止的其他行为。

《最高人民法院关于审理非法集资刑事案件具体应用法律若干问题的解释》（法释〔2010〕18号）

第二条　实施下列行为之一，符合本解释第一条第一款规定的条件的，应当依照刑法第一百七十六条的规定，以非法吸收公众存款罪定罪处罚：

（一）不具有房产销售的真实内容或者不以房产销售为主要目的，以返本销售、售后包租、约定回购、销售房产份额等方式非法吸收资金的；

（二）以转让林权并代为管护等方式非法吸收资金的；

（三）以代种植（养殖）、租种植（养殖）、联合种植（养殖）等方式非法吸收资金的；

（四）不具有销售商品、提供服务的真实内容或者不以销售商品、提供服务为主要目的，以商品回购、寄存代售等方式非法吸收资金的；

（五）不具有发行股票、债券的真实内容，以虚假转让股权、发售虚构债券等方式非法吸收资金的；

（六）不具有募集基金的真实内容，以假借境外基金、发售虚构基金等方式非法吸收资金的；

（七）不具有销售保险的真实内容，以假冒保险公司、伪造保险单据等方式非法吸收资金的；

（八）以投资入股的方式非法吸收资金的；

（九）以委托理财的方式非法吸收资金的；

（十）利用民间“会”、“社”等组织非法吸收资金的；

（十一）其他非法吸收资金的行为。

第四条第一款、第二款　以非法占有为目的，使用诈骗方法实施本解释第二条规定所列行为的，应当依照刑法第一百九十二条的规定，以集资诈骗罪定罪处罚。

使用诈骗方法非法集资，具有下列情形之一的，可以认定为“以非法占有为目的”：

（一）集资后不用于生产经营活动或者用于生产经营活动与筹集资金规模明显不成比例，致使集资款不能返还的；

（二）肆意挥霍集资款，致使集资款不能返还的；

（三）携带集资款逃匿的；

（四）将集资款用于违法犯罪活动的；

（五）抽逃、转移资金、隐匿财产，逃避返还资金的；

（六）隐匿、销毁账目，或者搞假破产、假倒闭，逃避返还资金的；

（七）拒不交代资金去向，逃避返还资金的；

（八）其他可以认定非法占有目的的情形。

细数创投基金享受的那些“优待”

境外投资专业组　张金金律师

目　录

前　言

本文旨在梳理、总结创业投资基金管理人及创业投资基金在登记、备案、运作（包括募投管退整个环节）过程中所享受到的优惠待遇，以飨读者。

一、名词解释

创业投资：根据《国务院关于促进创业投资持续健康发展的若干意见》（国发〔2016〕53 号），创业投资是指向处于创建或重建过程中的未上市成长性创业企业进行股权投资，以期所投资创业企业发育成熟或相对成熟后，主要通过股权转让获取资本增值收益的投资方式。

天使投资是指除被投资企业职员及其家庭成员和直系亲属以外的个人以其自有资金直接开展的创业投资活动。

本文所指“创业投资”包括天使投资。

创业投资基金管理人（以下简称创投管理人或创投企业或创投机构）：指在中国证券投资基金业协会（以下简称协会）登记的以私募股权投资基金、私募股权投资类 FOF 基金、创业投资基金、创业投资类 FOF 基金为业务类型（也可只从事其中几种业务类型）的私募基金管理机构，设立私募基金管理机构和发行私募基金不设行政审批，而是采取登记备案制、强调事中事后监管。

【延伸】根据协会专业化经营原则，目前私募基金管理机构的机构类型仅为 3 类：（1）私募证券投资基金管理人；（2）私募股权、创业投资基金管理人；（3）其他私募投资基金管理人。前述私募基金管理机构的业务类型/基金类型及产品类型具体如下：

业务类型/基金类型	定义	产品类型
私募证券投资基金	主要投资于公开交易的股份有限公司股票、债券、期货、期权、基金份额以及中国证监会规定的其他证券及其衍生品种。	1. 权益类基金：是指根据合同约定的投资范围，投资于股票或股票型基金的资产比例高于 80%（含）的私募证券基金。 2. 固收类基金：是指根据合同约定的投资范围，投资于银行存款、标准化债券、债券型基金、股票质押式回购以及有预期收益率的银行理财产品、信托计划等金融产品的资产比例高于 80%（含）的私募证券基金。 3. 混合类基金：是指合同约定的投资范围包括股票、债券、货币市场工具但无明确的主要投资方向的私募证券投资基金。 4. 期货及其他衍生品类基金：是指根据合同约定的投资范围，主要投资于期货、期权及其他金融衍生产品、现金的私募证券投资基金。 5. 其他类基金。

续 表

业务类型/基金类型	定义	产品类型
私募证券类FOF基金	主要投向证券类私募基金、信托计划、券商资管、基金专户等资产管理计划。	–
私募股权投资基金	除创业投资基金以外主要投资于非公开交易的企业股权。	1. 并购基金：是指主要对处于重建期企业的存量股权展开收购的私募股权基金。 2. 房地产基金：是指从事一级房地产项目开发的私募基金，包括采用夹层方式进行投资的房地产基金。 3. 基础设施基金：是指投资于基础设施项目的私募基金，包括采用夹层方式进行投资的基础设施基金。 4. 上市公司定增基金：是指主要投资于上市公司定向增发的私募股权投资基金。 5. 其他类基金。
私募股权投资类FOF基金	主要投向股权类私募基金、信托计划、券商资管、基金专户等资产管理计划。	–
创业投资基金	主要向处于创业各阶段的未上市成长性企业进行股权投资的基金（新三板挂牌企业视为未上市企业）。	–
创业投资类FOF基金	主要投向创投类私募基金、信托计划、券商资管、基金专户等资产管理计划。	–
其他私募投资基金	投资除证券及其衍生品种和股权以外的其他领域的基金。	1. 红酒艺术品等商品基金：是指以艺术品、红酒等商品为投资对象的私募投资基金。 2. 委托贷款：通过合法金融机构向标的公司发放委托贷款。 3. 债权收益权、应收账款收益权、其他资产收益权。 4. 不良资产并购、不良资产包收购、困境企业重组、困境资产盘整。 5. 银行信贷资产财产权、信托计划的受（收）益权。 6. 银行存款（包括但不限于银行大额存单等现金管理工具）。 7. 其他。

续 表

业务类型/基金类型	定义	产品类型
其他私募投资类FOF 基金	主要投向其他类私募基金、信托计划、券商资管、基金专户等资产管理计划。	证券公司及其子公司资产管理计划、基金公司资产管理计划（含基金子公司）、商业银行理财计划、集合资金信托计划、期货公司及其子公司资产管理计划、保险公司及其子公司资产管理计划。

创业投资基金：由合格投资者投资、由托管机构进行账户托管、由创业投资基金管理人进行管理的基金产品（以下简称创投基金）。

二、创投管理人及创投基金的登记备案

（一）创投管理人在协会系统进行管理人登记

根据协会公示系统数据显示，自2017年1月1日至2017年8月16日，已登记成功管理人信息如下：

机构类型	数量（家）
私募股权、创业投资基金管理人	2605
私募证券投资基金管理人	866
其他私募投资基金管理人	61

由此可知，股权及创投类基金管理人较容易登记成功，这也与当前财富管理服务实业企业的政策背景相吻合。

创投管理人在登记时需注意如下事项：

1. 名称：需含有“投资管理”“资产管理”“资本管理”“基金管理”“投资”“创业投资”等与私募基金属性密切相关的字样，不需要必须含有“创投”或“创业投资”字眼（但是根据《财政部关于取消豁免国有创业投资机构和国有创业投资引导基金国有股转持义务审批事项后有关管理工作的通知》（财资〔2015〕39号），想要豁免国有股转持义务的创投机构需要满足的资质之一是工商登记名称中注有“创业投资”字样，因此创业投资

企业的名称需慎重选择)；机构性质可以是公司制，也可以是有限合伙形式。尽管采取合伙形式有税收优惠，但是公司制在进行融资时更为方便，因此实践中以公司制管理人进行登记者居多。

2. 机构类型和业务类型：即便拟登记主体未来主营业务为创业投资管理，但是机构类型仍只能选择“私募股权、创业投资基金管理人”，此为协会登记备案系统设定所致。

3. 经营范围：根据发改委等十部委令 2005 年第 39 号《创业投资企业管理暂行办法》，创业投资企业的经营范围限于：

（1）创业投资业务；

（2）代理其他创业投资企业等机构或个人的创业投资业务；

（3）创业投资咨询业务；

（4）为创业企业提供创业管理服务业务；

（5）参与设立创业投资企业与创业投资管理顾问机构。

此外，实务中创业投资企业（同证券及其他类私募机构）的工商登记经营范围还需同时符合《私募投资基金监督管理暂行办法》的相关规定：即不可以含有与私募投资基金业务存在冲突的业务（如民间借贷、民间融资、配资业务、小额理财、小额借贷、P2P/P2B、众筹、保理、担保、房地产开发、交易平台、外贸、商贸、制造、财务顾问、投资顾问、市场调查、设计）、与“投资管理”的买方业务存在冲突的业务（如金融信息服务、企业运营管理、软件技术开发、接受金融机构委托从事金融业务流程外包）及其他非金融业务（如企业形象策划、承办展览活动、文化艺术交流策划、市场营销策划、会议服务、货物进出口、销售机械设备、电子产品、五金交电、仪器仪表、计算机软硬件及外围设备、通信设备、日用品、文化用品、体育用品、首饰、工艺品等）。

4. 真实展业：需提交商业计划书、项目框架协议、合作意向书、尽调报告等可以证明公司能够尽快真实展业的材料。

5. 其他事项：与常规私募基金管理人登记要求一致，无特殊对待。

（二）创投基金在协会系统进行产品备案

与常规私募基金产品备案要求一致，无特殊对待。

（三）创投管理人在发改委等部门进行登记备案

根据《创业投资企业管理暂行办法》的相关规定，国家对创业投资企业实行备案管理，国务院管理部门为国家发改委；省级（含副省级城市）管理部门由同级人民政府确定，报国务院管理部门备案后履行相应的备案管理职责，并在创业投资企业备案管理业务上接受国务院管理部门的指导，实务中一般为地方发改委。

创投管理人在向相关管理部门备案时，需符合如下条件：

（1）已在工商行政管理部门办理注册登记。

（2）经营范围符合相关规定（具体请见《创业投资企业管理暂行办法》）。

（3）实收资本不低于 3000 万元人民币，或者首期实收资本不低于 1000 万元人民币且全体投资者承诺在注册后的 5 年内补足不低于 3000 万元人民币实收资本。

（4）投资者不得超过 200 人。其中，以有限责任公司形式设立创业投资企业的，投资者人数不得超过 50 人。单个投资者对创业投资企业的投资不得低于 100 万元人民币。所有投资者应当以货币形式出资。

（5）有至少 3 名具备 2 年以上创业投资或相关业务经验的高级管理人员承担投资管理责任。委托其他创业投资企业、创业投资管理顾问企业作为管理顾问机构负责其投资管理业务的，管理顾问机构必须有至少 3 名具备 2 年以上创业投资或相关业务经验的高级管理人员对其承担投资管理责任。

前款所称“高级管理人员”，系指担任副经理及以上职务或相当职务的管理人员。

三、创业投资引导基金

如果创投管理人的出资人中含有政府引导基金（引导基金是由政府设立并按市场化方式运作的政策性基金，主要通过扶持创业投资企业发展，引导社会资金进入创业投资领域。引导基金不担任所扶持公司型创业投资企业的受托管理机构或有限合伙型创业投资企业的普通合伙人，不参与投资设立创业投资管理企业），则该创业投资企业的设立需要按照创业投资引导基金的设立程序履行相关手续。

具体政府引导基金对创业投资企业的扶持方式如下：

1. 参股。引导基金主要通过参股方式，吸引社会资本共同发起设立创业投资企业。

2. 融资担保。根据信贷征信机构提供的信用报告，对历史信用记录良好的创业投资企业，可采取提供融资担保方式，支持其通过债权融资增强投资能力。

3. 跟进投资或其他方式。产业导向或区域导向较强的引导基金，可探索通过跟进投资或其他方式，支持创业投资企业发展并引导其投资方向。

实践中应用比较多的为参股创业投资企业及跟进投资。具体操作步骤主要包括：（1）公开征集；（2）尽职调查；（3）专家评审；（4）媒体公示（跟投时不需要）；（5）最终决策。

创业投资企业向政府申请引导基金支持具体需要满足哪些条件，需要根据各地发改委或财政部等出台的文件而定。例如，根据上海发改委及财政部联合出台的《上海市创业投资引导基金管理暂行办法》第十一条的规定，申请引导基金参股扶持的创业投资企业及其管理团队，应当具备以下条件：

（一）新参股设立的创业投资企业管理资金规模原则上不少于2亿元人民币（新参股设立的主要投资于种子期的创业投资企业管理资金规模原则上不少于1亿元人民币），且全部出资在3年内到位，其中首期到位资金不低于认缴出资总额的30%，且所有投资者均以货币形式出资；

（二）管理团队具有良好的职业操守和既有投资业绩；

（三）获得引导基金扶持设立的创业投资企业在创业投资企业备案管理部门备案并接受监管；

（四）重点投资于政府扶持和鼓励的产业领域中的种子期和创业早中期企业，且有侧重的专业投资领域；

（五）引导基金参股的创业投资企业优先投资于上海市范围内的企业；

（六）管理和投资运作规范，具有严格的投资决策程序和风险控制机制以及健全的财务管理制度。

四、税收优惠

根据《创业投资企业管理暂行办法》第二十三条的规定，“国家运用税收优惠政策扶持创业投资企业发展并引导其增加对中小企业特别是中小高新技术企业的投资”。

根据国务院关于印发实施《国家中长期科学和技术发展规划纲要（2006—2020年）》若干配套政策的通知，“支持创业风险投资企业的发展。对主要投资于中小高新技术企业的创业风险投资企业，实行投资收益税收减免或投资额按比例抵扣应纳税所得额等税收优惠政策”。

根据财政部、税务总局《关于创业投资企业和天使投资个人有关税收政策的通知》（财税〔2018〕55号）及证监会2017年7月7日《私募基金监管问答——关于享受税收试点政策的创业投资基金标准及申请流程》，创投管理人享受的税收优惠情况具体如下：

<table>
<tr><th>创投企业类型</th><th>创投企业一般需满足的条件</th><th>投资标的</th><th>投资期限</th><th>税收政策</th></tr>
<tr><td>公司制</td><td rowspan="3">1. 为境内居民企业或合伙创投企业，非被投资初创科技型企业的发起人；
2. 规范运作；
3. 投资后2年内，与关联方持有被投资初创科技型企业的股权比例合计应低于50%；
4. 注册地位于规定的试点地区。</td><td>初创科技型企业</td><td>满24个月</td><td>按投资额的70%抵扣企业应纳税所得额；当年不足抵扣的，可以在以后纳税年度结转抵扣。</td></tr>
<tr><td rowspan="2">合伙制</td><td rowspan="2">初创科技型企业</td><td rowspan="2">满24个月</td><td>1. 法人合伙人——按投资额的70%抵扣从合伙创投企业分得的所得；当年不足抵扣的，可以在以后纳税年度结转抵扣。</td></tr>
<tr><td>2. 个人合伙人——按投资额的70%抵扣从合伙创投企业分得的所得；当年不足抵扣的，可以在以后纳税年度结转抵扣。</td></tr>
<tr><td rowspan="2">天使投资人</td><td rowspan="2">1. 非被投资初创科技型企业的发起人、雇员或其亲属，且与被投资初创科技型企业不存在劳务派遣等关系；
2. 投资后2年内，本人及其亲属持有被投资初创科技型企业股权比例合计应低于50%；
3. 被投资的初创科技型企业其注册地须位于规定的试点地区。</td><td rowspan="2">初创科技型企业</td><td rowspan="2">满24个月</td><td>1. 按照投资额的70%抵扣转让该初创科技型企业股权取得的应纳税所得额；当期不足抵扣的，可以在以后取得转让该初创科技型企业股权的应纳税所得额时结转抵扣。</td></tr>
<tr><td>2. 在试点地区投资多个初创科技型企业的，对其中办理注销清算的初创科技型企业，对其投资额的70%尚未抵扣完的，可自注销清算之日起36个月内抵扣天使投资个人转让其他初创科技型企业股权取得的应纳税所得额。</td></tr>
<tr><td>投资方式</td><td colspan="4">仅限于通过向被投资初创科技型企业直接支付现金方式取得的股权投资，不包括受让其他股东的存量股权。</td></tr>
<tr><td>初创科技型企业</td><td colspan="4">1. 境内居民企业；
2. 接受投资时，从业人数不超过200人，其中具有大学本科以上学历的从业人数不低于30%；资产总额和年销售收入均不超过3000万元；
3. 接受投资时设立时间不超过5年（60个月，下同）；
4. 接受投资时以及接受投资后2年内未在境内外证券交易所上市；
5. 接受投资当年及下一纳税年度，研发费用总额占成本费用支出的比例不低于20%。</td></tr>
</table>

续 表

创投企业类型	创投企业一般需满足的条件	投资标的	投资期限	税收政策
创投企业其他需要满足的条件（具体请见证监会 2017 年 7 月 7 日私募监管问答）	1. 创业投资基金实缴资本不低于 3000 万元人民币，或者首期实缴资本不低于 1000 万元人民币且全体投资者承诺在工商注册后 5 年内实缴资本不低于 3000 万元人民币； 2. 创业投资基金存续期限不短于 7 年； 3. 创业投资基金管理团队有至少 3 名具备 2 年以上创业投资或者相关业务经验的人员负责投资管理运作； 4. 创业投资基金对单个企业的投资金额不超过该创业投资基金总资产的 20%； 5. 创业投资基金未投资已上市企业，所投资未上市企业上市（包括被上市公司收购）后，创业投资基金所持股份的未转让部分及其配售部分不在此限； 6. 创业投资基金未从事担保业务和房地产业务。			

五、投资退出

创投机构在以 IPO 方式实现退出时，从如下方面受到“优惠”待遇。

（一）国有股转持

根据《创业投资企业管理暂行办法》第二十四条的规定：“创业投资企业可以通过股权上市转让、股权协议转让、被投资企业回购等途径，实现投资退出。国家有关部门应当积极推进多层次资本市场体系建设，完善创业投资企业的投资退出机制。”

根据《财政部关于取消豁免国有创业投资机构和国有创业投资引导基金国有股转持义务审批事项后有关管理工作的通知》（财资〔2015〕39 号）的规定，为提高国有资本从事创业投资的积极性，鼓励和引导国有创业投资机构和国有创业投资引导基金加大对中早期项目的投资，符合条件的创业机构和引导基金经审核批准后，可豁免国有股转持义务，同时根据《国务院关于取消和调整一批行政审批项目等事项的决定》（国发〔2015〕11 号）的要求对豁免创投机构和引导基金国有股转持义务事项不再进行审批。（注：国有股转持是指股份有限公司首次公开发行股票并上市时，按实际发行股份数量的 10%，将上市公司部分国有股转由全国社会保障基金理事会持有。具体相关规定请详见财企〔2009〕94号《境内证券市场转持部分国有股充实全国社会保障基金实施办法》。）

根据《财政部关于取消豁免国有创业投资机构和国有创业投资引导基金国有股转持义务审批事项后有关管理工作的通知》的规定，协会目前承担“豁免国有股转持义务”资格审查和公示职责。

创投机构或引导基金在被投资企业股东大会审议通过首次公开发行股票并上市议案后，自行确定是否符合豁免国有股转持义务条件；若符合，则需按照如下流程进行国有股转持豁免公示审核：完成登记备案的申请人将申请材料发送至专用邮箱 vcwaiver@ amac. org. cn，有疑问可咨询 010 - 66578629。协会资格审查通过后回复邮件通知并出具无异议函。申请人提交公示材料，通过协会官网公示，公示时间不少于 20 个工作日。财政部网站公示社会监督结果，公示无异议或有异议但通过财政部审查的，可豁免国有股转持义务。[①]

（二）首发企业创投基金股东锁定

2017 年 5 月 26 日，证监会发布《上市公司股东、董监高减持股份的若干规定》，对上市公司大股东作出了严格的股份限售规定，但是若首发企业股东中含有创投基金，则将受到“优待”。

根据证监会 2017 年 6 月 2 日《发行监管问答——关于首发企业中创业投资基金股东的锁定期安排》，为落实《国务院关于促进创业投资持续健康发展的若干意见》精神，支持创业投资持续健康发展，对于创业投资基金作为发行人股东的股份限售期安排，发行审核中按照下列原则和要求进行处理：

1. 发行人有实际控制人的，非实际控制人的创业投资基金股东，按照

---

① 具体参见 http：//www. amac. org. cn/xhdt/zxdt/389688. shtml。

《公司法》第一百四十一条的有关规定，自发行人股票在证券交易所上市交易之日起一年内不得转让。

2. 发行人没有或难以认定实际控制人的，对于非发行人第一大股东但位列合计持股 51% 以上股东范围，并且符合一定条件的创业投资基金股东，按照《公司法》第一百四十一条的有关规定，自发行人股票在证券交易所上市交易之日起一年内不得转让。

3. 上述“符合一定条件的创业投资基金股东”的认定程序，由创业投资基金股东向保荐机构提出书面申请，经保荐机构和发行人律师核查后认为符合相关认定标准的，在收到相关首发项目反馈意见后由保荐机构向证监会发行审核部门提出书面申请，证监会发行审核部门在认定时应当征求证监会相关职能部门的意见。

4. 对于存在刻意规避股份限售期要求的，证监会将按照实质重于形式的原则，要求相关股东参照控股股东、实际控制人的限售期进行股份锁定。

那么，如何认定首发企业中创业投资基金股东？根据证监会发行监管问答，具体标准如下：

（1）创业投资基金首次投资该首发企业时，该首发企业成立不满 60 个月。

（2）创业投资基金首次投资该首发企业时，该首发企业同时符合以下条件：经企业所在地县级以上劳动和社会保障部门或社会保险基金管理单位核定，职工人数不超过 500 人；根据会计师事务所审计的年度合并会计报表，年销售额不超过 2 亿元、资产总额不超过 2 亿元。

（3）截至首发企业发行申请材料接收日，创业投资基金投资该企业已满 36 个月。

（4）按照《私募投资基金监督管理暂行办法》，已在中国证券投资基金业协会备案为“创业投资基金”。

（5）该创业投资基金的基金管理人已在中国证券投资基金业协会登记，规范运作并成为中国证券投资基金业协会会员。

六、结语

2015年6月11日，国务院印发《关于大力推进大众创业万众创新若干政策措施的意见》（国发〔2015〕32号），要推进大众创业、万众创新。结合全文梳理、总结，可知创业投资基金目前在私募基金管理人登记及产品备案环节均受鼓励及支持，同时在税收、政府支持、退出机制方面也同样获得相应优待。

参考文献：

[1]《创业投资企业管理暂行办法》（发改委等十部委令2005年第39号）

[2]《国家中长期科学和技术发展规划纲要（2006—2020年）》（国发〔2006〕6号）

[3]《关于创业投资引导基金规范设立与运作指导意见》（国办发〔2008〕116号）

[4]《国家税务总局关于实施创业投资企业所得税优惠问题的通知》（国税发〔2009〕87号）

[5]《上海市创业投资引导基金管理暂行办法》

[6]《科技型中小企业创业投资引导基金股权投资收入收缴暂行办法》（财企〔2010〕361号）

[7]《财政部关于取消豁免国有创业投资机构和国有创业投资引导基金国有股转持义务审批事项后有关管理工作的通知》（财资〔2015〕39号）

[8]《境内证券市场转持部分国有股充实全国社会保障基金实施办法》（财企〔2009〕94号）

[9]《国务院关于促进创业投资持续健康发展的若干意见》（国发〔2016〕53号）

[10]《关于创业投资企业和天使投资个人有关税收试点政策的通知》（财税〔2017〕38号）

［11］《上市公司股东、董监高减持股份的若干规定》（证监会公告〔2017〕9 号）

［12］《发行监管问答——关于首发企业中创业投资基金股东的锁定期安排》（证监会 2017 年 6 月 2 日）

［13］《私募基金监管问答——关于首发企业中创业投资基金股东的认定标准》（证监会 2017 年 6 月 2 日）

［14］《私募基金监管问答——关于享受税收试点政策的创业投资基金标准及申请流程》（证监会 2017 年 7 月 7 日）

［15］《关于大力推进大众创业万众创新若干政策措施的意见》（国发〔2015〕32 号）

从一则处罚案例看私募基金的违规行为

私募股权投资与风险投资部　司瑞律师

据中国证券投资基金业协会官网公布的统计数据显示，截至2017年7月底，中国证券投资基金业协会已登记私募基金管理人20110家，已备案私募基金58734只，管理基金规模9.95万亿元，私募基金管理人员工总人数22.53万人。截至2017年7月底，管理基金规模在20亿元~50亿元的私募基金管理人有522家，管理基金规模在50亿元~100亿元的有199家，管理基金规模大于100亿元的有176家。

由此可见，近两年来，私募基金行业发展尤其迅猛，但由此带来的问题也十分突出，私募基金和基金管理人越来越多，但优质的投资项目却不可能与日俱增，私募基金市场体量再大，也耐不住众人的瓜分。所以，时间，成为私募从业者认为最宝贵的东西，经常出现的情况是，项目的商务谈判与尽职调查已经接近完成，投资人也沟通意向了，但私募基金管理人登记却一直下不来，结果就让另一个早取得登记的基金管理人抢了先。

前几日，笔者的一位客户干脆就直接说："等登记下来来不及，我准备先募集了，不然投资人和项目都飞了。"我听完他的话，将2017年上半年中国证监会北京证监局对一宗私募基金违法违规案件的处罚案例，对照他的情况讲了讲，他听后恍然大悟："我还是严格执行法律规定吧。"

案件的基本情况：

依据证监会公布的信息，盛世嘉和投资基金管理（北京）有限公司

（以下简称盛世嘉和）对其管理的“嘉和汇金（有限合伙）——福建明明医疗辅助器具有限公司产品”（以下简称嘉和汇金基金），未按规定办理基金备案手续，向16名非合格投资者募集资金，向投资者梁某红承诺18%的最低年化收益率，累计挪用嘉和汇金基金财产7003858.27元，部分资金转入金某、夏某红、饶某青、华某、格某勒等银行账户供个人使用，部分资金直接用于支付盛世嘉和的房租。时任盛世嘉和总经理金某是对上述违规行为直接负责的主管人员；时任盛世嘉和董事长杨某宇、财务总监夏某红、风控总监宋某山是盛世嘉和挪用私募基金财产违规行为的其他直接责任人员。

依据《私募投资基金监督管理暂行办法》第三十八条的规定，北京证监局对盛世嘉和责令改正，给予警告，并处以3万元罚款；对金某给予警告，并处以3万元罚款；对夏某红、宋某山、杨某宇给予警告，并分别处以2万元罚款。

案件的违规事实：

盛世嘉和存在的四项违规事实非常明显：未按规定办理基金备案、向非合格投资者募集资金、承诺收益、挪用基金财产，在此就不做过多论述了。主要提一个容易被忽略的情况：就盛世嘉和的案例，证券监管部门并没有详细披露盛世嘉和将嘉和汇金基金的财产转给个人的细节，如果相关个人将基金财产肆意挥霍、用于非法目的或者存在其他违反我国刑事法律的情形，盛世嘉和直接负责的主管人员和其他直接责任人员，还可能受到刑事制裁。

投资者角度的思考与建议：

盛世嘉和的案例具有很强的代表性，之所以出现违法违规的情况，盛世嘉和自然是最大的责任方，但并不是唯一的责任方，笔者认为，从投资者角度看，主要有以下几方面的原因：

第一，投资者缺乏相应的辨识能力。国内私募机构众多，但优秀的私募机构非常少，一般投资者很难买到诸如鼎晖、弘毅等知名私募机构发行的产品，这时，一些“伪私募”就混入私募机构中，将自己包装得与一般私募机构无异，投资者分辨不清，导致权益受损。

第二，投资者对“投资”二字没有清晰的认识。投资者将私募理解为与P2P、小额借贷无异的项目，认为只要投资了，就应该获得类似民间借贷的高额利息。

第三，投资者缺少“主人翁”意识。我这里说的“主人翁”，不是说投资者要做主私募基金整体业务的开展，而是在法律规定、合同约定下的权利行使，比如获取基金投资的定期报告、与托管机构定期沟通、要求参加投资决策委员会会议，等等。

就上述第三点，笔者还想多说一些。投资者作为委托方和资金提供方，本不应是“弱势”一方，一定要通过权利的行使，保证自己的权益不受侵害。投资者应当在基金合同签署前，仔细阅读合同条款，尤其是投资款的流向及是否存在银行托管等。同时，在法律规定的范围内，协商增加参与基金投资决策过程的条款。在基金运作过程中，积极行使法律规定和合同约定的相关权利，做好监督管理人决策、执行基金事务的工作，直至基金退出且投资者获得收益分配前，均不能放松警惕。

新登记的私募基金管理人应采用公司制还是合伙制

私募股权投资与风险投资专业组　张金金律师

笔者在实务操作中经常被咨询，新登记的私募基金管理人应当采取公司制还是合伙制？对此，笔者借此文做了一个简要梳理，以飨读者。

经查询私募基金管理人公示系统，截至2017年10月9日，已完成私募基金管理人登记备案的机构，组织形式为合伙制的登记情况具体如下：

时间	2014年	2015年	2016年	2017年至今
有限合伙	294	506	238	53
普通合伙	9	16	2	0
年度备案小计	3709	6975	3274	767
合伙制企业占比	8.17%	7.48%	7.33%	6.91%

由上表可知，合伙制的私募基金管理人在登记备案中占比非常低，绝大部分采取的都是公司制。那么缘何会出现这样的情况？

公司制与合伙制私募基金管理人，其各自基本的存在形式是公司和合伙企业，所以两种组织形式的私募基金管理人的区别首先是公司与合伙企业的区别，简言之，主要是责任的承担及纳税的区别。前者主要依据公司法，有限责任公司的股东以其认缴的出资额或认购的股份为限对公司承担责任，公司需要承担企业所得税、增值税等较多税务；后者主要依据合伙企业法进行规范运作，普通合伙人对合伙企业债务承担无限连带责任，有限合伙人以其认缴的出资额为限对合伙企业债务承担责任，一般说来，合伙企业层面不需要承担企业所得税，纳税义务较小。

鉴于实践中绝大多数人选择将私募基金管理人的组织形式设置为公司制，本文仅就合伙制私募基金管理人需要特别注意的事项进行摘要：

1. 关于GP的选择

根据合伙企业法的规定，国有独资公司、国有企业、上市公司以及公益性的事业单位、社会团体不得成为普通合伙人。因此，若前述企业拟成立新的主体并办理私募基金管理人登记备案，那么其不可以担任拟备案主体的普通合伙人。

2. 有限合伙制在管理层面更加方便灵活

如果采用公司制，股权架构的设置将直接影响实际控制人的认定，进而对关联方的认定即高管的兼职的合规性及合理性都受牵连；若股权较为分散，则公司未来股权结构的稳定性将存有隐患，如万科事件，私募基金管理人是否会遭遇“野蛮人”入侵，都将是未来需要考虑的事情。

同时，根据资产管理业务综合报送平台的要求，目前还不允许新登记的私募基金管理人无实际控制人（系统中不将“实际控制人”信息填写完毕，则无法向基金业协会进行管理人登记申报）。

如果采用合伙制，在设立程序、内部治理等方面都具有高度的灵活性，主要还是依据合伙人之间的约定。

3. 关于注册资本及实缴比例的要求

如果采取公司制，按照目前的形势，注册资本一般都要1000万元起，实缴比例建议达到25%（否则将会在私募基金管理人公示系统进行特别公示）。

若采取合伙制，根据《合伙企业法》第六十五条的规定，“有限合伙人应当按照合伙协议的约定按期足额缴纳出资；未按期足额缴纳的，应当承担补缴义务，并对其他合伙人承担违约责任”；而根据基金业协会目前对新登记的私募基金管理人的审核要求，新备案的主体需要具备一定的实缴出资，并确保可以维持未来6个月企业的正常经营，同时系统需要上传“实收资本/实缴出资证明”，因此即便采取合伙制，合伙协议约定了较晚的出资期限，但是有限合伙人也需要进行一定比例的实缴。

4. 私募基金管理人登记环节的其他方面基本无区别

至于其他方面，如对高管及员工的要求，对经营场所、办公设备的要求，对关联方的披露标准等，基本无区别（具体各个环节的审核标准可咨询笔者）。

5. 关于纳税的问题

谈及合伙制私募基金管理人，就不得不提及合伙基金（本文仅特指股权类私募基金）的纳税问题。目前，合伙制基金层面不需要纳税，由合伙人层面根据自身是自然人、公司、合伙企业及是否为LP或GP区分纳税。

LP：LP的收入主要包括股息红利及股权转让所得，就该两部分收入，纳税标准如下：

LP	股息红利	股权转让所得
个人	按照“利息、股息、红利”20%收取个人所得税。	各地不同，如北京、天津、珠海、新疆、西藏等地按照“财产转让所得”收取20%；深圳按照“个体工商户生产经营所得”按5%~35%累进税率收取。
公司	企业所得税，一般为25%；但也有免税的，如北京。	企业所得税，一般为25%。
合伙企业	先分后税，合伙企业不缴纳企业所得税。自然人合伙人按照20%或5%~35%缴纳，各地不同；公司合伙人按照25%缴纳企业所得税，也有少部分地区免税。	先分后税，合伙企业不缴纳企业所得税。自然人合伙人按照20%或5%~35%缴纳，各地不同；公司合伙人一般是缴纳25%企业所得税。

GP：GP的收入主要为管理费（多为募集资金总额的2%）及超额收益。

管理费属于管理人取得的金融服务所得，适用6%的增值税税率；超额收益属于金融服务所得还是权益投资所得，目前尚无统一规定。

关于私募基金与P2P，可以告诉你这么多……

私募股权投资与风险投资部　司瑞律师

私募基金与P2P（网络借贷）进入我国的时间及蓬勃发展阶段基本一致，但两者遇到的境况完全不同。私募基金与P2P之间本身没有什么交集，但现实中却经常有人将二者混为一谈。今天就聊一聊私募基金与P2P。

私募基金这块，只要你有实力，从开始想就好好地做，合法合规地做下来问题不大。做基金管理人登记或者委托基金管理人前，项目、基金投资人一般都确定了，管理人只要不出现故意或重大过失，无论基金产品怎么设计，收益分配怎么倾向于投资人，首先管理费是可以拿到的。

而网络借贷则不是这样，网络借贷中，针对出借人的出借数额和借款人的借款数额，P2P平台一般设定的起点不高，借款人提前还款或者出借人要求提前返还借款时，极容易出现金额错配、期限错配的情况，尤其当借款人逾期还款时，P2P平台以其设置的风险准备金先行向出借人偿付，这样，出借人的本金加收益获得偿付后，就退出了与借款人之间的借贷关系，转而由新的出借人与逾期的借款人建立了借贷关系，但双方实际上并不知情。

其实，很多P2P平台是想合法合规地运营下去的，但是，即使其拥有再强大的大数据能力，也难保证不出现金额和期限错配的情况。而针对风险准备金，如果不设置，那势必会严重影响P2P平台的整体撮合流量，而这是P2P平台存活与否的根基。在上层监管机构尚未出台规定（个别地方监管机构已出台）明确禁止 P2P 平台运用风险准备金的情况下，P2P 平台就这样在红线上躺着，盼着不要明令禁止。

之所以出现私募基金与网络借贷不同的境况，笔者认为，如下三个方面的原因不容忽视：

1. 私募基金门槛高

投资私募，投资者需要具备较高的风险识别能力和风险承受能力，因而设置了较高的准入门槛，包括对投资人资产、收入、投资经验等多方面的要求。而网络借贷一般只需 100 元即可参与，注册平台后就可以出借资金了。

2. 私募基金尽职调查细

私募基金从设立到退出，投资的项目一般只有几个，有些私募基金甚至是为了投资特定的项目设立，基金运行过程中只投资了一个项目。基于此，管理人有时间也有必要对项目做全方位的考察，而且在基金合同中，有的甚至还约定尽职调查的费用不计入管理费，由基金财产另行支付，这就给管理人做尽调以强大的支持。而网络借贷中，对借款人的信用、偿付能力等调查，则难以做到尽善尽美，一方面，借款人的数量众多，P2P 平台没有精力去做细致的调查；另一方面，尽调的成本一般由平台自行承担，这无法唤起尽调的动力。

3. 私募基金的参与主体利益一致

有些基金产品，管理人作为投资人直接投资项目，即使管理人不投资，管理人也要获得业绩报酬，而能否获得业绩报酬以及获得多少也与项目的收益直接相关，这激发了管理人勤勉、尽责管理基金的热情。而网络借贷则不存在，信息中介的性质决定了它主要的收入来源是比较固定的服务费。当然，在借款人逾期还款的情况下，如平台依法取得出借人对借款人的追偿权，则可能获得一定的违约赔偿。

最后，根据《私募投资基金监督管理暂行办法》《网络借贷信息中介机构业务活动管理暂行办法》的相关规定，向大家说一下私募基金和P2P平台的区别：

	私募基金	P2P平台
动行模式	私募基金管理人通过募集投资者的资金成立私募基金，通过私募基金投资于股票、股权、债券、期货、期权、基金份额及投资合同约定的其他投资标的，投资收益由投资者共享，投资风险由投资者共担。	个人与个人通过P2P平台确立借贷关系，按照借贷合同实施借贷交易。
可否承诺保本保效益	不可以	不可以
投资者与管理人/平台的关系类型	委托人与受托人	消费者与中介服务机构
监管部门	中国证监会	中国银监会
投资门槛	投资者应是合格投资者，且投资单只基金的金额不低于100万元。	同一自然人在同一网络借贷信息中介机构平台的借款余额不超过20万元；同一法人或其他组织在同一网络借贷信息中介机构平台的借款余额不超过100万元；同一自然人在不同网络借贷信息中介机构平台的借款总余额不得超过100万元；同一法人或其他组织在不同网络借贷信息中介机构平台的借款总余额不超过500万元。
投资者人数	契约型私募基金或股份公司型私募基金不得超过200人，合伙型私募基金或有限责任公司型私募基金不得超过50人。	通过P2P平台，投资者与资金使用方是“1对1”的形式。
宣传方式	不得向合格投资者之外的单位和个人募集资金，不得通过报刊、电台、电视台、互联网等公众传播媒体或者讲座、报告会、分析会等方式向不特定对象宣传推介。	不得至互联网、固定电话、移动电话等电子渠道以外的物理场所进行宣传或推介融资项目。

二

证　　券

解决新三板流动性的“制胜法宝”

外商投资专业组　刘兵律师

2016年对新三板市场来说注定是不平凡的一年，是应当被铭记的一年。在这一年中，挂牌企业数量超过了一万家，成为全球挂牌数量最多的股权交易市场；制度建设不断推进，市场期盼已久的分层机制、私募做市等制度建设稳步推进；2016年也是监管不断发力的一年，管理层逐步推出了募集资金新规、券商“回头看，自查”活动、董秘制度、分行业披露指引等规范。也正是在2016年，新三板在中国资本市场中的地位得到了充分肯定和稳固。

而在新三板市场快速发展的同时，困扰市场的流动性问题、投融资矛盾依然存在，“流动性困境”一直是新三板市场讨论最多的也是无法回避的问题。为了盘活市场，监管层在2016年陆续推出了分层机制、私募做市试点。而市场并没有出现之前人们所预期的良好效应。2016年12月30日，三板成指收报1237.56点，三板成指降至年内最低点1139.98点后，一直在1200点左右徘徊，而三板做市指数也停留在1112.11点。面对流动性依然无明显改观的局面，关于如何改善新三板流动性的问题，又被提到了前所未有的高度，已经成为监管机构与市场参与者期盼解决的头等大事。多部门均表示积极研究解决新三板的流动性困局，探讨和部署相关配套政策，探讨提升市场流动性的“一揽子解决方案”。市场还可以期待监管层推出哪些具体的政策红利呢？

一、继续扩大做市商数量，完善私募做市规范

目前，新三板市场平均每家企业的做市商数量只有4家到5家，而相比之下纳斯达克是11家到12家。市场普遍认为，在新三板市场达到平均每家企业有10家左右做市商的时候，才是做市制度可以有效发挥成效的时候。届时，做市商间可以充分竞争，有利于对企业合理定价和撮合交易。

2016年9月14日，股转系统明确提出引入私募参与新三板做市；2016年12月13日，股转公司正式确定十家符合新三板做市商条件的私募机构进入现场验收机构名单。至此，私募机构正式进入新三板做市行列，这是继分层后新三板市场又一个重大政策，标志着新三板做市制度走向新的篇章，为盘活新三板流动性以及未来进一步制度改革做好了铺垫。私募做市试点是全国股转系统优化新三板做市制度的开始，引入私募机构参与做市试点，有望改善市场对新三板的预期，并带来部分增量资金，是改善新三板流动性一揽子政策的重要一环。

而私募机构对做市业务尚处于探索、尝试阶段，在做市业务方面又缺乏专业性的引导，加之监管机构对做市业务的规范不够细致，因此，在审慎的基础上仍需持续补充和完善做市制度。这种完善包括引入规范做市商报价、引导积极做市的激励机制；逐步放开做市商参与主体类型，做市商进一步扩容；完善交易机制与市场建设，为做市商提供更多风险管理工具；参照美国对做市商资金来源、财务风险等监管要求，进一步完善相关规定等多个方面。

二、引入更多交易主体，活跃交易市场

新三板流动性差的问题首先是合格投资者少，流动性的改善，从根本上说，需要扩充合格投资者的数量。有人认为，扩充合格投资者应降低对

合格投资者所设定的500万元的门槛。而实际上，设置合格投资者门槛的原因在于新三板公司自身公司治理、信息披露水平不高，如果风险承受能力不高的投资者进来，一旦出现问题，就会影响社会稳定。证监会副主席赵争平也在近期提出，“新三板必须坚持以机构投资者为主，实施严格的投资者适当性制度”。因此，近期来看，降低投资者门槛似乎已成为不可能。

现在新三板市场投资主体是私募股权投资基金，或者出于风险的考虑，或者由于政策的限制，更多的机构投资者其实并没有进入新三板，因此对于新三板庞大的资金需求明显不够。2015年开始，证监会和全国股转系统均多次提到，要引进公募基金投资新三板。公募基金投资新三板，应是股转系统“流动性一揽子解决方案”中的重要组成部分，引入公募基金、保险等机构进场是交易活跃的基础之一。公募基金被誉为新三板市场的“活水”，其入市预期被看作“二级市场”的最大政策利好。随着新三板分层制度的落地，引导更多机构投资者入市成为可能。

显然，目前政策的工作重心，是如何引导或者完善制度，让更多的机构投资者入场，也就是如何进行制度设计让公募基金，甚至保险资金、社保资金、企业年金、QFII、RQFII等资金进入新三板，既能达到扩充投资主体，提高市场流动性，又能控制公募基金等机构进入的风险，打造完善“以机构投资者为主的市场”。随着公募资金等更多机构投资者的到来，新三板做市交易市场将进一步被激活，有效提升新三板的流动性。

三、推出大宗交易制度，改进交易机制

全国股转公司副总经理隋强表示，目前正在抓紧研究和制定建立健全统一的大宗交易制度。市场对大宗交易制度的出台也期盼已久，首先，大宗交易制度能够及时解决基金交易的难题，有了大宗交易制度，基金就不用通过做市商，而是可以直接转手给其他基金，能为投资新三板的资金提

供较好的退出渠道；其次，大宗交易平台可以使大额资金投资可退可进，缓解大量抛压，可以有效避免对二级市场价格造成冲击；最后，未来引入的公募基金、社保基金、保险资金等可开放到大宗交易平台上做承接。有人预测，新三板大宗交易制度极有可能参照主板30万股或者200万元交易金额的门槛，以30%涨跌幅限制为条件。

新三板大宗交易制度的实施，可以对现行的做市交易方式进行有效的补充，提高成交量和活跃度。但也必须明确，想要新三板市场更健康地发展，仅仅依靠大宗交易制度是远远不够的，如何能有效确定公允价格，在此基础上实现股票流动性增强，还有很长的路要走。

同时，改善新三板的流动性，还要完善市场的交易机制，把不适应于公开市场、公开制度的交易进行改善。有市场人士认为，协议转让不是公开市场典型交易制度，只能是一个补充，应改革掉现有的大量协议转让的交易方式。最后，也要进一步完善新三板股票的发行制度，特别是配套的涉及股权分散度问题和配套改革信息披露制度问题，为实现制度的突破创造条件。

四、引进竞价交易，发展混合交易制度

早在2015年之前，市场就传出新三板市场要引进竞价交易机制，随着分层制度和私募做市制度的落地，引进竞价交易，发展混合交易制度的呼声再起。在连续型市场中，价格取决于每一时刻的供求状况，做市商制度有利于提高市场的流动性，平抑价格波动。但是做市商在追求利润的同时，往往只愿意为流动性较强的股票做市，而不愿为流动性较差的股票做市，所以其增强流动性的作用会受到限制。竞价交易制由于大量委托直接匹配成交，有利于解决流动性不足的问题，但在交易量较少时，很容易形成供求数量的失衡和剧烈的价格波动。

因此，单一地发展做市交易或者竞价交易都不利于市场的平衡发展。从国外的市场来看，不管是美国的 NASDAQ 交易制度还是日本的 JASDAQ 市场，都是从最初的单一交易模式发展为混合交易制度。因此，发展混合交易制度是新三板市场未来提升流动性的一种有益的模式。但是，目前，新三板市场更多地采用协议交易模式，不具备竞价的基础。在未来市场各项制度发展完善的基础上，市场还可以对竞价交易的制度安排保留更多的期待。

自 2013 年全面扩容以来，新三板进入了一个全新的发展阶段，呈现迅猛发展的态势。诚然，目前新三板在市场流动性方面备受市场诟病。但是，新三板市场已成为我国不可或缺的一个证券市场。新三板的流动性沉疴，已经引起监管机构的高度重视，并作为所有工作的中心来抓。只是，流动性的改善是一个系统性工程，是一揽子政策的结果，需要我们在发展市场规模的同时，借鉴国际先进经验，继续完善各类市场制度，相信一个成熟、规范的新三板市场必将浮现，完美打造出“中国的纳斯达克”，未来在我国多层次资本市场中发挥更大作用。

“新三板”定向发行那些事儿

外商投资专业组　刘兵律师

截至2017年2月27日，新三板挂牌企业数量达到10733家，新三板已是目前世界上最大的股权交易市场。虽说新三板流动性一直是业界广泛讨论的话题，但是新三板作为多层资本市场中不可或缺的一个重要市场也已成为业界的共识。作为新三板交易的一种重要方式，新三板股票定向发行具有其自身的特点，对挂牌公司引进战略投资者，解决新三板挂牌企业发展过程中的资金“瓶颈”发挥了极为重要的作用。2017年新三板定向发行市场规模将继续扩大，交易活跃度将进一步提升。本文拟对新三板定向发行的定义和特点、新三板定向发行的对象、流程及特殊制度安排做一些简单的梳理。

一、新三板定向发行的定义和特点

新三板定向发行，又称新三板定增，是指申请挂牌公司或已挂牌公司向特定对象发行股票的行为。

新三板定向发行具有以下几个方面的特点：

1. 发行条件

企业可以在挂牌的同时或者在挂牌后发行。对股票发行不设财务指标，没有强制时间间隔，也不设融资规模限制。

2. 发行对象

新三板企业可以向原股东及公司董事、监事、高级管理人员及核心员工发行，外部投资者作为定向发行对象需符合合格投资者的特定要求，即符合投资者适当性管理办法的规定。新三板定增属于非公开发行，针对特定投资者，除公司股东外不得超过35人。

3. 发行管理

发行后股东人数符合累计不超过200人的，不需要在发行前向中国证监会核准，仅需在发行后向全国股份转让系统公司备案。

4. 定价方式

新三板定向发行实行市场化的定价方式，定价方式较为灵活，可以与特定对象协商谈判，也可以进行路演、询价等方式定价。

5. 锁定期安排

除公司的董事、监事、高级管理人员所持新增股份需遵循《公司法》第一百四十一条的规定进行限售外，挂牌公司定向发行新增的股份不设立锁定期。

二、新三板定向发行的对象

1. 特定对象的范围

《非上市公众公司监督管理办法》（以下简称《管理办法》）第三十九条规定：本办法所称定向发行包括向特定对象发行股票导致股东累计超过200人，以及股东人数超过200人的公众公司向特定对象发行股票两种情形。前款所称特定对象的范围包括下列机构或者自然人：

（1）公司股东；

（2）公司的董事、监事、高级管理人员、核心员工；

（3）符合投资者适当性管理规定的自然人投资者、法人投资者及其他经济组织。

公司确定发行对象时，符合本条第二款第（二）项、第（三）项规定的投资者合计不得超过35人。

2. 核心员工的认定

核心员工的认定，应当由公司董事会提名，并向全体员工公示和征求意见，由监事会发表明确意见后，经股东大会审议批准。

核心员工的认定程序如下：

（1）核心员工与挂牌公司之间存在劳动合同关系；

（2）公司董事会提名核心员工，并向全体员工公示和征求意见；

（3）公司监事会发表明确意见；

（4）公司召开股东大会审议批准。

3. 合格投资者认定

（1）机构投资者：注册资本500万元人民币以上的法人机构（非持股平台）；实缴出资总额500万元以上的合伙企业（非持股平台）。

（2）金融产品或资产：证券投资基金、集合信托计划、证券公司资产管理计划、保险资金、银行理财产品，以及由金融机构或监管部门认可的其他机构管理的金融产品或资产。

（3）自然人投资者：投资者本人名下前一交易日日终证券资产市值500万元人民币以上，证券资产包括客户交易结算资金、股票、基金、债券、券商集合理财产品等；且具有2年以上证券投资经验，或具有会计、金融、投资、财经等相关专业背景或培训经历。

（4）员工持股计划：如上所述，员工持股平台不能参与新三板的定向发行，但是，员工持股计划通过认购私募股权基金、资产管理计划等接受证监会监管的金融产品，并已经完成核准、备案程序且充分披露信息的，可以参与非上市公众公司定向发行。

（5）外国投资者：合格境外机构投资者（QFII）和人民币合格境外机构投资者（RQFII）应符合《合格境外机构投资者境内证券投资管理办法》和《人民币合格境外机构投资者境内证券投资试点办法》的相关规定。

三、新三板定向发行的流程

新三板定向发行的一般流程如下：

1. 确定发行对象，签订认购协议

公司应当对发行对象的身份进行确认，有充分理由确信发行对象符合《管理办法》和《公司法》的相关规定。公司应当与发行对象签订包含风险揭示条款的认购协议。

2. 董事会就定向发行方案作出决议

董事会决议确定具体发行对象的，董事会决议应当明确具体发行对象（是否为关联方）及其认购价格、认购数量或数量上限、现有股东优先认购办法等事项。

已确定的发行对象（现有股东除外）与公司签署的附生效条件的股票认购合同应当经董事会批准。

董事会决议未确定具体发行对象的，董事会决议应当明确发行对象的范围、发行价格区间、发行价格确定办法、发行数量上限、现有股东优先认购办法等事项。

3. 股东大会审议

股东大会审议董事会提议的《股票发行方案》，股东大会决议须经出席会议的股东所持表决权的2/3以上通过。

4. 证监会审核并核准（如有）

股票发行前或发行后，股东人数超过200人的需申请证监会核准，证监会在20个工作日内作出核准、中止审核、终止审核、不予核准的决定。

发行后股东不超过200人的企业可豁免向中国证监会申请核准。

5. 披露《股票发行认购公告》

公司应当于缴款前披露股票发行认购公告。公司最迟应当在缴款起始日前的两个转让日披露股票发行认购公告。应当披露缴款的股权登记日、投资者参与询价、定价情况，股票配售的原则和方式及现有股东优先认购安排（如有），并明确现有股东及新增投资者的缴款安排。

6. 缴款、验资

公司应当与发行对象签订正式认购合同，发行对象应当按照合同约定缴款，股票发行认购结束后及时办理验资手续。验资的会计师事务所应当具有从事证券、期货相关业务的资格。

7. 股转公司备案、获得股份登记函

向特定对象发行股票后股东累计不超过200人的，中国证监会豁免核准，由全国中小企业股份转让系统自律管理，验资完成10个转让日内，向股转系统报送材料，进行备案。

股转公司对材料进行审查，并根据审查结果出具股份登记函，送达挂牌公司并送交中国结算和主办券商。

8. 办理股份登记，公开转让

公司按照中国结算相关规定，向中国结算申请办理股份登记。挂牌转让公告披露后，中国结算进行股份登记并出具股份登记证明文件。

中国结算办理股份登记后，认购人才可在股转系统进行股份转让。

四、新三板定向发行特殊制度安排

（一）挂牌的同时可以进行定向发行

企业在新三板挂牌的同时可以进行定向融资。这并不是一个强制要求，拟挂牌企业可以根据自身对资金的需求来决定是否进行股权融资。企业挂牌同时定向发行需在公开转让说明书中披露以下内容：

1. 在公开转让说明书第一节基本情况中披露“拟发行股数、发行对象或范围、发行价格或区间、预计募集资金金额，同时，按照全国股份转让系统公司有关定向发行信息披露的要求，在公开转让说明书‘公司财务’后增加‘定向发行’章节，披露相关信息”。

2. 在公开转让说明书中增加一节“定向发行”，主办券商应如实披露本次发行股票的数量、价格、对象以及发行前后企业相关情况的对比。

（二）储价发行制度

储价发行是指一次核准，多次发行的再融资制度。该制度主要适用于定向增资需要经中国证监会核准的情形，可以减少行政审批次数，提高融资效率，赋予挂牌公司更大的自主发行融资权利。储价发行制度可在一次核准的情况下为挂牌公司一年内的融资留出空间。

根据《管理办法》第四十四条之规定，公司定向发行股票，可以采用储价发行制度，即公司申请定向发行股票，可申请一次核准，分期发行。自中国证监会予以核准之日起，公司应当在 3 个月内首期发行，剩余数量应当在 12 个月内发行完毕。超过核准文件限定的有效期未发行的，须重新经中国证监会核准后方可发行。首期发行数量应当不少于总发行数量的 50%，剩余各期发行的数量由公司自行确定，每期发行后 5 个工作日内将发行情况报中国证监会备案。

（三）豁免核准制度

《管理办法》第四十五条规定，公众公司向特定对象发行股票后股东累计不超过 200 人的，豁免向中国证监会申请核准，但发行对象应当符合本办法第三十九条的规定，并在每次发行后 5 个工作日内将发行情况报中国证监会备案。

由此可见，在豁免申请核准的情形下，挂牌公司发行股票不需要向证监会申请核准，只需在定向发行完毕后，及时备案即可。挂牌公司在突破200人之前的所有定向增发都不需要向中国证监会申请核准，这种便捷的发行通道让挂牌公司基本可以实现定向融资的“随时用随时发”。

（四）定向发行对象无锁定期

在现行监管体系下，挂牌公司定向发行股票无锁定期安排，股东可随时转让，也可自愿承诺限售期。在实务操作中，如挂牌公司与发行对象就股票锁定事宜另有约定，从其约定。

但是，无限售期要求的股东不适用公司的董事、监事、高级管理人员所持新增股份，其所持新增股份应按照《公司法》第一百四十一条第二款的规定进行限售：公司董事、监事、高级管理人员应当向公司申报所持有的本公司的股份及其变动情况，在任职期间每年转让的股份不得超过其所持有本公司股份总数的百分之二十五；所持本公司股份自公司股票上市交易之日起一年内不得转让。上述人员离职后半年内，不得转让其所持有的本公司股份。

（五）以非现金认购的特殊要求

以非现金认购的主要包含两种情形，一种是以股权资产认购所发行的股票，另一种是以股权以外的其他非现金资产认购所发行的股票。

非现金资产应当经过具有证券、期货相关业务资格的会计师事务所、资产评估机构审计或评估。非现金资产若为股权资产，应当提供会计师事务所出具的标的资产最近一年一期的审计报告，审计截止日距审议该交易事项的股东大会召开日不得超过六个月；非现金资产若为股权以外的其他非现金资产，应当提供资产评估事务所出具的评估报告，评估基准日距审议该交易事项的股东大会召开日不得超过一年。

发行对象用非现金资产认购发行股票的，还应当说明交易对手是否为关联方、标的资产审计情况或资产评估情况、董事会关于资产定价合理性的讨论与分析等。

（六）对赌条款的限制性规定

根据《挂牌公司股票发行常见问题解答（三）——募集资金管理、认购协议中特殊条款、特殊类型》，挂牌公司股票发行认购协议中签订的业绩承诺及补偿、股份回购、反稀释等特殊条款，应当满足以下监管要求：

（1）认购协议应当经过挂牌公司董事会与股东大会审议通过。

（2）认购协议不得存在以下情形：挂牌公司作为特殊条款的义务承担主体；限制挂牌公司未来股票发行融资的价格；强制要求挂牌公司进行权益分派，或不能进行权益分派；挂牌公司未来再融资时，如果新投资方与挂牌公司约定了优于本次发行的条款，则相关条款自动适用于本次发行认购方；发行认购方有权不经挂牌公司内部决策程序直接向挂牌公司派驻董事或者派驻的董事对挂牌公司经营决策享有一票否决权；不符合相关法律法规规定的优先清算权条款；其他损害挂牌公司或者挂牌公司股东合法权益的特殊条款。

（3）挂牌公司应当在股票发行情况报告书中完整披露认购协议中的特殊条款；挂牌公司的主办券商和律师应当分别在“主办券商关于股票发行合法合规性意见”“股票发行法律意见书”中就特殊条款的合法合规性发表明确意见。

新三板重大资产重组应关注的法律问题

证券业务专业组　阮兰泉律师

重大资产重组作为新三板交易的一种重要方式，有其自身的特点。《非上市公众公司重大资产重组管理办法》（以下简称《重组办法》）、《全国中小企业股份转让系统非上市公众公司重大资产重组业务指引（试行）》（以下简称《重组指引》）对新三板企业的重大资产进行了规定。本文拟对新三板重大资产重组的认定标准、要求、交易方式、流程及应关注的法律问题做一些简单的探讨。

一、新三板重大资产重组认定标准

重大资产重组，是指公司及其控股或者控制的企业在日常经营活动之外购买、出售资产或者通过其他方式进行资产交易，导致公司业务、资产发生重大变化的资产交易行为。

（一）认定标准

公司及其控股或者控制的公司购买、出售资产，达到下列标准之一的，构成重大资产重组：

1. 购买、出售的资产总额占公众公司最近一个会计年度经审计的合并财务会计报表期末资产总额的比例达到50%以上；

2. 购买、出售的资产净额占公众公司最近一个会计年度经审计的合并财务会计报表期末净资产额的比例达到50%以上，且购买、出售的资产总额占公众公司最近一个会计年度经审计的合并财务会计报表期末资产总额的比例达到30%以上。

另外，特定对象以现金认购公司定向发行的股份后，公司用同一次定向发行所募集的资金向该特定对象购买资产达到重大资产重组标准的，也适用《非上市公众公司重大资产重组管理办法》。

（二）关于标准的补充说明

1. 对于股权类资产，取得控制权，账面值与成交价取高值；丧失控制权，直接看账面值；不涉及控制权，购买看成交价，出售看账面值。对于非股权类资产，买入账面值与成交价取高值，出售看账面值；不涉及负债的，不适用资产净额标准。

2. 同时购买、出售资产的，应当分别计算购买、出售资产的相关比例，取高值。

3. 12个月内连续对同一或者相关资产进行购买、出售的，以其累计数分别计算相应数额（已履行重组程序的不计入）。

二、新三板实施重大资产重组要求

公司实施重大资产重组，应当符合下列要求（四项条件需要同时满足）：

1. 重大资产重组所涉及的资产定价公允，不存在损害公司和股东合法权益的情形；

2. 重大资产重组所涉及的资产权属清晰，资产过户或者转移不存在法律障碍，相关债权债务处理合法；所购买的资产，应当为权属清晰的经营性资产；

3. 实施重大资产重组后有利于提高公司资产质量和增强持续经营能力，不存在可能导致公司重组后主要资产为现金或者无具体经营业务的情形；

4. 实施重大资产重组后有利于公司形成或者保持健全有效的法人治理结构。

三、新三板重大资产重组的交易方式

新三板公司重大资产重组可以使用现金、股份、可转换债券、优先股等支付手段购买资产。这表明，监管政策鼓励挂牌公司使用多种融资工具，通过并购重组做大、做强。在挂牌公司市场化并购中，支付方式通常需要综合考虑交易规模、挂牌公司状况、交易对手方需求、操作的可行性等多方面因素，目前交易结构安排包括现金支付、股份支付、混合支付，具有很强的便利性。

其支付手段的价格由交易双方自行协商确定，定价可以参考董事会召开前一定期间内公众公司股票的市场价格、同行业可比公司的市盈率或市净率等。董事会应当对定价方法和依据进行充分披露。

四、新三板重大资产重组的流程

（一）现金支付购买资产的流程

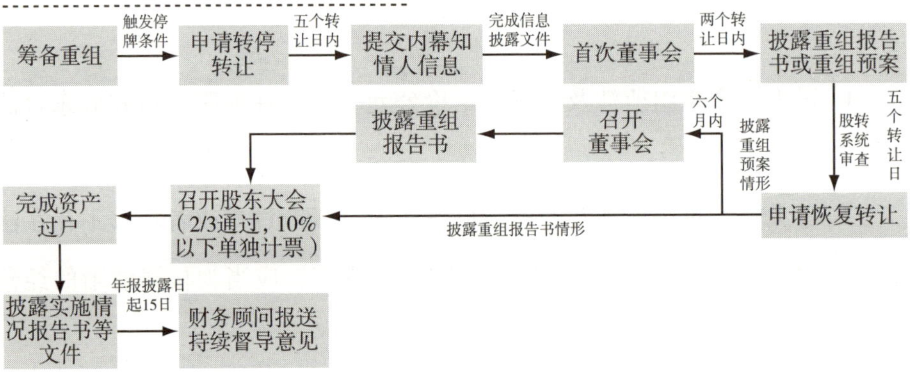

（二）发行股份购买资产的流程

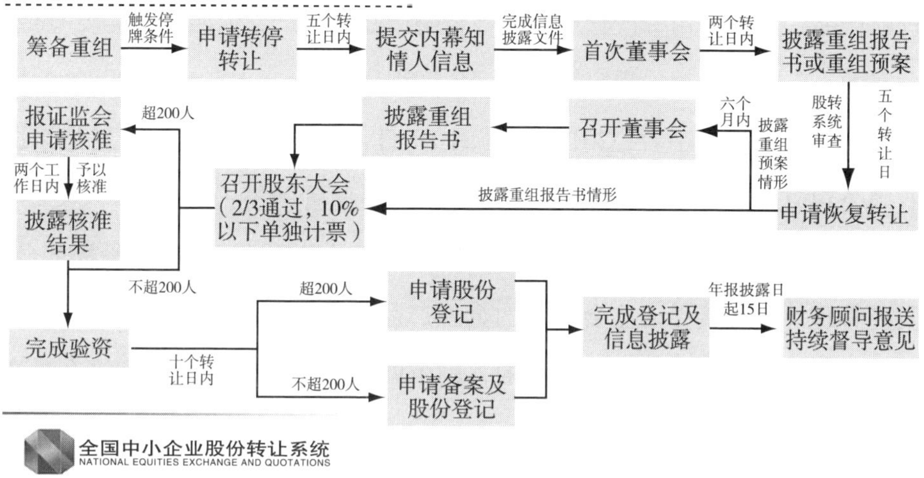

五、新三板重大资产重组应关注的法律问题

（一）重组方案发生变化

股东大会作出重大资产重组的决议后，公司拟对交易对象、交易标的、交易价格等作出变更，构成对原重组方案重大调整的，应当在董事会表决通过后重新提交股东大会审议，并向全国股份转让系统重新报送信息披露文件或者向中国证监会重新提出核准申请。变更支付手段应当视为重大调整。

股东大会作出重大资产重组的决议后，公众公司董事会决议终止本次交易或者撤回有关申请的，应当说明原因并披露，提交股东大会审议。

因变更方案需重新提交股东大会审议的，需要重新履行申请暂停转让及内幕知情人报备相关程序。

（二）发行对象是否符合投资者适当性规定管理的要求

在发行股份购买资产的重大资产重组中，如果存在新增加的股东，发行对象需要满足《全国中小企业股份转让系统投资者适当性管理细则（试行)》对投资者适当性规定。如果是集合信托计划、证券投资基金、银行理财产品、证券公司资产管理计划等金融产品或资产，依照规定需要登记/备案的，需要按照相关规定履行登记备案程序。

对于员工持股平台，2015 年 11 月 24 日，全国中小企业股份转让系统有限公司（股转公司）在《非上市公众公司监管问答：定向发行（二)》中规定单纯持股平台不得参与新三板定增；而对于通过认购私募股权基金、资产管理计划等接受证监会监管的金融产品的员工持股计划，并已经完成核准、备案程序且充分披露信息的，则不同于前述持股平台，是符合投资者适当性规定管理的合格投资者。

（三）过渡期间损益的归属

过渡期间是指标的资产评估基准日到交割日之间的这段时间，由于重大资产重组流程复杂耗时较长，那么过渡期间损益的情况有时候还是很大的。一般情况下，双方会约定过渡期间标的公司不得违反诚信义务。对过渡期间的损益归属的约定有以下两种方式：

1. 约定盈利由收购方所有，亏损由交易对方承担（需要补足）

标的资产在过渡期内因运营所产生的盈利及因其他原因而增加的净资产的部分由收购方享有；标的资产在过渡期内因运营所产生的亏损及因其他原因而减少的净资产部分由交易对方承担，交易对方应按本次交易前在标的公司的持股比例以现金方式向收购方补足亏损和减少金额。

2. 也可以约定收益和亏损均由收购方承担

交易对方在保证标的公司正常生产经营的情况下，过渡期间标的公司所产生的损益由收购方享有和承担。

（四）盈利预测补偿

盈利预测补偿又称为业绩补偿、业绩承诺，是指在公司并购重组交易中，交易双方为了在标的资产定价问题上达成一致而采取的一种交易策略，也就是约定对标的资产未来业绩作出承诺的承诺人在业绩目标未达成时对收购方进行补偿，本质上也是交易双方间的对赌协议。

目前来说，相关法规对新三板重大资产重组盈利预测补偿并没有明确的要求，仅是全国股转系统公司在投资者问答中强调说，“对重大资产重组有业绩承诺的挂牌公司，如无特殊原因导致利润未能达到预期50%的，可能面临监管谈话、出具警示函、责令定期报告等监管措施”。因此虽相比上市公司，监管政策较为宽松，但业绩补偿条款的设置不慎也可能会阻碍重组交易、推高交易溢价、遭受监管措施的风险。

从目前案例来看，盈利预测补偿条款中的关键要点包括承诺指标、补偿数额、补偿方式、补偿承诺期数、超额完成业绩的奖励对价等方面。

（五）标的资产瑕疵或后续事项的处理

在收购的资产中，可能会存在一些瑕疵或者未决事项，包括未决诉讼、股权质押、应收账款回款、注册资本缴纳等；这些问题会影响到标的资产的价值进而影响到交易价格的确定。

在这种情况下，对于这些问题一般作出如下处理：

（1）这些瑕疵由交易对方来承担，不论受益还是亏损与收购方没有关系，交易价格也剔除该因素。

（2）由交易对手方承诺保证瑕疵的处理和解决，交易价格正常确定。

（六）同业竞争和关联交易问题

对于重大资产重组，除了行业整合做大做强之外，消除同业竞争和减少关联交易也是很重要的一个方面。比如，有的挂牌企业在控股股东控制下可能还有同行业资产的情况下不方便或者不好处理，那么通过重大资产重组的方式可以将其全部纳入挂牌主体内；再如，有的挂牌企业可能与关联方存在关联交易，通过资产重组之后就不再存在关联交易。

但是反过来，也存在因为重组而增加新的同业竞争或关联交易的情况，如原本是非关联方，因重组交易对手方成为公司股东也就成为挂牌企业关联方，由此可能会产生同业竞争和关联交易。对于同业竞争，是必须消除的；而对于关联交易，则可以做合理解释（如必要性）并要求交易价格公允、按规定进行信息披露。

非金融企业如何在银行间市场发行债务融资工具系列之（一）参与主体

证券业务专业组　阮兰泉律师

2017年5月8日，首单双创专项债务融资工具——成都高新投资集团有限公司项目在银行间市场成功发行。[①] 双创专项债务融资工具主要是指，在银行间市场发行的，募集资金通过投债联动的模式，直接用于支持双创企业发展的债务融资工具。银行间市场债务融资工具发行利率不高，能够大大降低企业融资成本，以短期融资券为例，信用评级AAA级的企业发行短期融资券的利率普遍低于5%，融资成本非常低。虽然，银行间市场存续了近十年之久，但是，很多企业尤其是中小企业仍然不知道这个融资平台的存在，也不知道该如何借力这个融资平台来拓宽融资渠道。笔者拟对银行间市场债务融资工具发行人的条件、融资工具的种类、发行条件、发行程序等问题进行系统梳理，鉴于篇幅限制，本文仅简单探讨发行银行间市场债务融资工具的参与主体。

一、概述

银行间债券市场非金融企业债务融资工具是指具有法人资格的非金融

① 《银行间市场首单双创专项债务融资工具成功发行》，载腾讯证券，网址：http：//stock.qq.com/a/20170508/042169.html，最后访问日期：2018年8月。

机构在中国银行间市场交易商协会（以下简称交易商协会）注册、在银行间债券市场发行的，约定一定期限内还本付息的有价证券。中国银行间市场交易商协会是由市场参与者自愿组成，包括银行间债券市场、同业拆借市场、外汇市场、票据市场和黄金市场在内的银行间市场的自律组织。非金融企业在银行间市场的直接债务融资工具主要包括：短期融资券（SCP）、中期票据（MTN）、中小企业集合票据（SMECN）、超短期融资券（CP）、定向工具（PPN）、资产支持票据（ABN）、项目收益票据（PRN）、绿色债务融资工具（GN）等。融资工具具有以下特点：（1）发行对象为合格投资者，融资工具发行对象为银行间债券市场的机构投资者；（2）中介机构参与，需要主承销商、评级公司、增信机构、会计师事务所、律师事务所等中介服务机构参与；（3）市场化定价方式，利率受基准利率及信用评级的影响，一般低于银行贷款基准利率；（4）发行期限灵活，可以一次注册分期发行，发行期限可以根据公司资金需求灵活安排；（5）市场化发行方式，实行按照交易商协会相关工作指引注册发行，一次注册后可根据资金需求及市场情况分期发行，不需要监管机构审批。

二、发行人

发行银行间市场融资工具虽然门槛不高，但是利用这一融资工具的企业主要是信用评级一般比较高的国字号企业或大型民企，各中小企业也在尝试通过发行债务融资工具来获得银行间市场低成本的资金，拓宽自身的融资渠道。截至 2017 年 5 月 3 日，在银行间市场交易商协会注册的发行人会员共计 3705 家，中小企业类会员 16 家。

1. 企业发行融资工具需要满足的条件

申请在银行间市场交易商协会发行融资工具的企业必须符合如下条件：

（1）发行人是具有法人资格的企业；

（2）发行人为非金融企业；

（3）发行人为交易商协会会员；

（4）发行人的历史沿革合法合规；

（5）发行人依法有效存续。

也就是说，发行人必须具有企业法人资格，为非金融企业，不存在需要解散、终止或被吊销执照等影响其正常存续和经营的情形，具有相应的民事权利能力和民事行为能力，历史沿革合法合规，并且已在交易商协会注册成为会员。

2. 加入交易商协会的条件

根据《中国银行间市场交易商协会单位会员入会指南》（2016 年修订稿）的规定，加入交易商协会需要满足以下条件：

（1）自愿加入协会，接受协会自律管理；

（2）拥护《中国银行间市场交易商协会章程》；

（3）中华人民共和国境内法人和其他相关机构；

（4）从事银行间市场相关业务；

（5）协会要求的其他条件。

其中，发行债务融资工具的非金融企业入会除上述需具备的五项条件外，还需具备下列两项条件：

（1）生产经营符合国家宏观调控政策、产业政策、环保政策及相关法律法规；

（2）近三年未发生重大违法违规事件以及未受国家行政机关的行政处罚。

三、合格投资者

融资工具发行对象是合格投资者，合格投资者的范围包括：

1. 金融机构法人合格投资者，是指符合要求的金融机构法人，包括但不限于：商业银行、外资银行、政策性银行、农村金融机构（信用合作社、信用联社等）资产管理公司、信托公司、企业集团财务公司、证券公司、基金管理公司、期货公司、保险公司等经金融监管部门许可的金融机构。金融机构的授权分支机构参照法人类合格机构投资者管理。

2. 非法人合格投资者，是指金融机构等作为资产管理人（以下简称管理人），在依法合规的前提下，接受客户的委托或授权，按照与客户约定的投资计划和方式开展资产管理或投资业务所设立的各类投资产品。根据《中国人民银行金融市场司关于做好部分合格投资者进入银行间债券市场有关工作的通知》（银市场〔2014〕43号）的规定，信托产品、证券公司资产管理计划、基金管理公司及其子公司特定客户资产管理计划、保险资产管理公司资产管理产品四类非法人投资者为合格投资者。保险产品，经基金业协会备案的私募投资基金、住房公积金、社会保障基金、企业年金、养老基金、慈善基金等，参照非法人类合格机构投资者管理。

3. 非金融机构合格投资者，根据《关于调整银行间债券市场非金融机构合格投资人准入要求的公告》（银市场〔2016〕34号）的规定，符合以下条件的非金融机构投资者为合格投资者：

（1）依法成立的法人机构或合伙企业等组织，业务经营合法合规，持续经营不少于一年；

（2）依法在有关管理部门或者其授权的行业自律组织完成登记的投资公司或者其他机构持有或管理的金融资产净值不低于1000万元，其他组织净资产不低于1000万元；

（3）具备相应的债券投资业务制度及岗位，所配备工作人员应参加中国银行间市场交易商协会及银行间市场中介机构组织的相关培训并获得相应的资格证书；

（4）最近一年未发生违法和重大违规行为；

（5）中国人民银行要求的其他条件。

四、中介服务机构

其他参与方包括主承销商、评级公司、增信机构、会计师事务所、律师事务所等中介服务机构。中介机构必须具备交易商协会的会员资格并且与发行人不存在关联关系。

1. 承销商

企业发行融资工具应与具有主承销商资格的银行签订《银行间债券市场非金融企业债务融资工具承销协议》，具有债务融资工具承销资格的金融机构作为公司发行的推荐人和主承销商，主承销商将作为各中介机构的协调人，协助发行人制作并申报材料、组建承销团，与各监管机构沟通；现阶段债务融资工具主承销商一般由银行担任。主承销商、联席主承销商应具备交易商协会认定的主承销商资格，承销团成员需具备交易商协会认定的承销商资格。目前，在交易商协会注册的非金融企业债务融资工具主承销商有51家，其中A类主承销商35家、B类主承销商16家，承销商52家。A类主承销商在全国范围内开展非金融企业债务融资工具主承销业务；B类主承销商在注册地所在的省、自治区、直辖市范围内开展非金融企业债务融资工具主承销业务。财务公司类承销商限于承销其所属企业集团成员单位的非金融企业债务融资工具。

2. 信用评级机构

信用评级机构是金融市场上一个重要的服务型中介机构，它是由专门的经济、法律、财务专家组成的，对证券发行人和证券信用进行等级评定的组织。一般是独立的、非官方的机构。发行非金融企业债务融资工具的发行人需要聘请信用评级机构对发行人提供的有关文件和事实进行核查和分析并出具《评级报告》及跟踪安排说明。

目前，在交易商协会注册的信用评级机构有联合资信评估有限公司、中诚信国际信用评级有限责任公司、上海新世纪资信评估投资服务有限公司、大公国际资信评估有限公司、中债资信评估有限责任公司、东方金诚国际信用评估有限公司共6家。

3. 律师事务所

发行人应聘请律师事务所对发行人的具体情况做尽职调查并根据尽职调查情况对发行的合法性、合规性出具《法律意见书》，法律意见书的内容一般包括：发行人发行融资工具的主体资格；发行的批准和授权；发行人发行融资工具的实质条件（财务方面情况；产权纠纷，债权债务纠纷；等等）；偿债保障措施、信用等级、承销、募集说明书、中介机构的业务资格、诉讼、仲裁或行政处罚等，并发表明确的结论性意见。律师事务所应在交易商协会登记备案或成为其会员。

4. 会计师事务所

2014年1月1日起，企业发行债务融资工具应聘请由财政部、证监会批准的具有证券、期货从业资格会计师事务所对公司近三个会计年度的资产负债表、损益表、现金流量表进行审计并出具《审计报告》。

非金融企业如何在银行间市场发行债务融资工具系列之（二）规则体系和种类

证券业务专业组 阮兰泉律师

银行间市场债务融资工具发行利率不高，能够大大降低企业融资成本，以短期融资券为例，信用评级 AAA 级的企业发行短期融资券的利率普遍低于5%，融资成本非常低。虽然，银行间市场存续了近十年之久，但是，很多企业尤其是中小企业仍然不知道这个融资平台的存在，也不知道该如何借力这个融资平台来拓宽融资渠道。笔者拟对银行间市场债务融资工具发行人的条件、融资工具的种类、发行条件、发行程序等问题进行系统梳理，鉴于篇幅限制，继上篇讨论了参与主体之后，本文简单探讨发行银行间市场债务融资工具规范体系和种类。

一、非金融企业债务融资工具规范体系

序号	规范类别	规范名称	
1	管理办法	《银行间债券市场非金融企业债务融资工具管理办法》（中国人民银行令〔2008〕第1号）	
2	业务规则	超短期融资券	《银行间债券市场非金融企业超短期融资券业务规程（试行）》
		中小企业集合票据	《银行间债券市场中小非金融企业集合票据业务指引》
		短期融资券	《银行间债券市场非金融企业短期融资券业务指引》
		中期票据	《银行间债券市场非金融企业中期票据业务指引》
		定向工具	《银行间债券市场非金融企业债务融资工具非公开定向发行规则》

续 表

<table>
<tr><th>序号</th><th>规范类别</th><th colspan="2">规范名称</th></tr>
<tr><td rowspan="2">2</td><td rowspan="2">业务规则</td><td>资产支持票据</td><td>《银行间债券市场非金融企业资产支持票据指引》</td></tr>
<tr><td>项目收益票据</td><td>《银行间债券市场非金融企业项目收益票据业务指引》</td></tr>
<tr><td>3</td><td>发行注册规则</td><td colspan="2">《银行间债券市场非金融企业债务融资工具注册发行规则》
《银行间债券市场非金融企业债务融资工具公开发行注册工作规程》(2013 年版)
《银行间债券市场非金融企业债务融资工具公开发行注册文件表格体系》
《银行间债券市场非金融企业债务融资工具注册工作规程》</td></tr>
<tr><td>4</td><td>信息披露规则</td><td colspan="2">《银行间债券市场非金融企业债务融资工具信息披露规则》</td></tr>
<tr><td>5</td><td>募集说明书指引</td><td colspan="2">《银行间债券市场非金融企业债务融资工具募集说明书指引》</td></tr>
<tr><td>6</td><td>承销协议</td><td colspan="2">《银行间债券市场非金融企业债务融资工具承销协议文本（2013 年版）》
《银行间债券市场非金融企业债务融资工具承销团协议文本（2013 年版）》</td></tr>
<tr><td>7</td><td>持有人会议规程</td><td colspan="2">《银行间债券市场非金融企业债务融资工具持有人会议规程（2013 修订）》</td></tr>
<tr><td>8</td><td>现场调查工作规程</td><td colspan="2">《银行间债券市场非金融企业债务融资工具现场调查工作规程》</td></tr>
<tr><td>9</td><td>中介服务规则</td><td colspan="2">《银行间债券市场非金融企业债务融资工具中介服务规则》</td></tr>
</table>

二、非金融企业债务融资工具种类

在中国银行间市场交易商协会接受中国银行间市场交易商协会注册通知书的银行间债券市场非金融企业债务融资工具有七类，分别为超短期融资券、中小企业集合票据、短期融资券、中期票据、定向工具、资产支持票据、项目收益票据。

（一）超短期融资券（SCP）

超短期融资券，是指具有法人资格、信用评级较高的非金融企业在银行间债券市场发行的，期限在 270 天以内的短期融资券。

1. 发行期限

发行期限要求是 7 天的整数倍，期限在 270 天以内。

2. 募集资金用途

募集的资金应用于符合国家法律法规及政策要求的流动资金需要，不得用于长期投资。

3. 发行规模

关于超短期融资券发行规模是否可以超过企业净资产的40%，没有明确规定，但目前公开发行超短期融资券的企业一般都没有超过40%。

4. 发行主体标准

2014年，交易商协会出台《关于进一步完善债务融资工具注册发行有关工作的通知》，规定SCP发行主体需满足五个标准：

第一，发行SCP的主体需提供付费模式不同的双评级，任一评级机构出具AA级主体评级，发行人即可注册发行SCP；

第二，发行人近3年内需公开发行债务融资工具累计达3次或公开发行债务融资工具累计达50亿元；

第三，发行人需根据自身经营规模和周期特点，合理测算短期资金缺口，确定募集资金规模，合理匹配用款期限，满足“实需原则”，不得“发短用长”；

第四，公司治理完善，业务运营合规，信息披露规范，不存在重大违法、违规行为；

第五，市场认可度高，发行债券具有较好的二级市场流动。

（二）中小企业集合票据（SMECN）

中小企业集合票据，是指由人民银行主导、银行间市场交易商协会组织、银行间债券市场成员共同参与，在全国银行间债券市场上推出的一种新的债务融资工具。

这一融资工具是一般由2个（含）以上、10个（含）以下具有法人资格的中小企业，在银行间债券市场以统一产品设计、统一券种冠名、统一信用增进、统一发行注册方式共同发行的，约定在一定期限还本付息的债务融资工具。

1. 发行规模

任一企业集合票据待偿还余额不得超过该企业净资产的 40%。任一企业集合票据募集资金额不超过 2 亿元人民币，单支集合票据注册金额不超过 10 亿元人民币。

2. 信用评级

企业发行集合票据应披露集合票据债项评级、各企业主体信用评级以及专业信用增进机构（若有）主体信用评级。集合票据特点是发行人各自主体信用评级较低、联合票据债项评级较高。

3. 募集资金用途

企业发行集合票据所募集的资金应用于符合国家相关法律法规及政策要求的企业生产经营活动。企业在发行文件中应明确披露具体资金用途，任一企业在集合票据存续期内变更募集资金用途均须经有权机构决议通过，并应提前披露。

（三）短期融资券（CP）

短期融资券，是指具有法人资格的非金融企业在银行间债券市场发行的，约定在 1 年内还本付息的债务融资工具。

1. 发行期限

不超过 365 天（1 年）。

2. 发行规模

企业发行短期融资券应遵守国家相关法律法规，短期融资券待偿还余额不得超过企业净资产的 40%。（注：证券公司的短期融资券的待偿还余额不得超过净资本的 60%。）

3. 募集资金用途

企业发行短期融资券所募集的资金应用于企业生产经营活动，并在发行文件中明确披露具体资金用途。企业在短期融资券存续期内变更募集资金用途应提前披露。

4. 企业主体评级及债项评级

企业发行短期融资券应披露企业主体信用评级和当期融资券的债项评级。（注：是企业主体信用评级并未涉及债项评级。）

（四）中期票据（MTN）

中期票据，是指具有法人资格的非金融企业在银行间债券市场按照计划分期发行的，约定在一定期限内还本付息的债务融资工具。

1. 发行期限

没有明确要求，一般2～10年，以3年、5年为主，中长期品种，满足企业中长期资金需求。

2. 发行规模

企业发行中期票据应遵守国家相关法律法规的规定，中期票据待偿还余额不得超过企业净资产的40%。

3. 资金用途

企业发行中期票据所募集的资金应用于符合国家法律法规及政策要求的企业生产经营活动，并在发行文件中明确披露具体资金用途。企业在中期票据存续期内变更募集资金用途应提前披露。从公开披露的资料看，中期票据募集资金多用于置换银行贷款、补充企业营运资金。

4. 信用评级

企业发行中期票据应披露企业主体信用评级。中期票据若含可能影响评级结果的特殊条款，企业还应披露中期票据的债项评级。

（五）定向工具（PPN）

非公开定向发行是指具有法人资格的非金融企业，向银行间市场特定机构投资人（即定向投资人）发行债务融资工具，并在特定机构投资人范围内流通转让的行为。又叫私募中票。

1. 发行期限：未做特别限制，可由发行人、主承销商和投资者商定。根据市场情况以及监管层态度，主流发行期限集中在 1 年、2 ~ 3 年期品种，部分 5 年期。

2. 发行规模：突破“累计发行债券余额不得超过公司净资产的 40%”的限制。

3. 资金用途：未做严格限定，用于符合国家相关法律法规及政策要求的企业生产经营活动，并在注册文件中予以明确。

4. 发行对象：

（1）在银行间债券市场发行，由协会界定的银行间债券市场合格投资者认购；

（2）定向投资人投资定向工具应向交易商协会出具书面确认函；

（3）发行定向工具前，企业应与拟投资该期定向工具的定向投资人达成《定向发行协议》，每只定向工具的投资人不能超过 200 家。

（六）资产支持票据（ABN）

资产支持票据，是指非金融企业在银行间债券市场发行的，由基础资产所产生的现金流作为还款支持的，约定在一定期限内还本付息的债务融资工具。

基础资产是指符合法律法规规定，权属明确，能够产生可预测现金流的财产、财产权利或财产和财产权利的组合。基础资产不得附带抵押、质押等担保负担或其他权利限制。

1. 发行期限

发行期限灵活，没有明确的限制。

2. 募集资金用途

企业发行资产支持票据所募集资金的用途应符合法律法规和国家政策要求。企业在资产支持票据存续期内变更募集资金用途应提前披露。

3. 发行方式

企业可选择公开发行或非公开定向发行方式在银行间市场发行资产支持票据。

4. 信用评级

企业选择公开发行方式发行资产支持票据，应当聘请两家具有评级资质的资信评级机构进行信用评级。（注：资产支持票据对发行规模没有相关限制规定。）

（七）项目收益票据（PRN）

项目收益票据，是指非金融企业在银行间债券市场发行的，募集资金用于项目建设且以项目产生的经营性现金流为主要偿债来源的债务融资工具。

募集资金用于项目建设且以项目产生的经营性现金流为主要偿债来源，项目包括但不限于市政、交通、公用事业、教育、医疗等与城镇化建设相关的、能产生持续稳定经营性现金流的项目。

1. 发行主体：由项目公司放开至项目公司母公司

2014 年，在化解和防范地方政府债务风险的背景下，交易商协会出台《银行间债券市场非金融企业项目收益票据指引》，要求通过成立项目公司等方式注册发行项目收益票据。以达到项目风险和政府风险相隔离的目标。2015 年 6 月，针对成立项目公司发债信用不足、项目收益票据发行惨淡的情况，交易商协会规定可由既有发行人直接注册发行项目收益票据。

2. 融资规模

对融资规模没有明确限制。注册发行额度不占用净资产 40% 限制。

3. 发行期限

发行期限灵活，与项目现金流回收相匹配，可涵盖项目建设、运营与收益整个生命周期。从已发行的产品情况看，期限大多在 7 年到 20 年之间。

对徐翔和泽熙私募追责后，会引发证券监管转型吗

私募股权投资与风险投资组　司瑞律师

2017年6月7日，中国证券投资基金业协会（以下简称基金业协会）作出纪律处分决定，对徐翔、徐峻、郑素贞3人及上海泽熙投资管理有限公司、上海泽熙资产管理中心（普通合伙）给予以下纪律处分：撤销私募基金管理人登记，取消会员资格，对徐翔等3人和相关机构加入黑名单并予以公开谴责，取消徐翔、郑素贞通过认定方式取得的基金从业资格。加入黑名单后，相关机构不得重新登记，相关人员不得在基金行业从业。基金业协会的这一处分决定，使得审判结束后，原以为徐翔和泽熙私募事件已告一段落的人们，又开始了议论。

人们议论此事的原因很多，就笔者而言，特别关注的是纪律处分所指向的违法违规行为，即基金业协会公开对个人利用私募机构证券账户操纵证券市场的行为给予纪律处分。

操纵证券市场，其中一个显著特点就是：行为人控制使用多个证券账户，合谋集中资金优势，通过连续交易，影响股价和交易量，扰乱证券市场秩序。之前，中国证监会的处罚指向的大多是个人利用自身控制的个人账户进行违法违规交易，而基金业协会更是很少将监管之手伸入操纵证券市场领域。这次，徐翔通过其控制的泽熙私募操纵证券市场事件，提醒证券监管部门务必要进行监管转型，深入关注私募基金迅猛发展可能带来的问题，将更多的精力放在打击市场的违法行为上，以更为严厉的手段惩处

内幕交易、操纵市场等违法违规行为。

基金业协会对徐翔和泽熙私募进行纪律处分，青岛市中级人民法院认定构成操纵证券市场罪，那操纵证券市场究竟是什么呢？笔者借此机会给大家普及一下。

1. 什么是操纵证券市场？如何认定？

根据中国证券监督管理委员会《证券市场操纵行为认定指引（试行）》的相关规定，证券市场操纵行为，是指行为人以不正当手段，影响证券交易价格或者证券交易量，扰乱证券市场秩序的行为。

影响证券交易价格或者证券交易量，是指行为人的行为致使证券交易价格异常或形成虚拟的价格水平，或者行为人的行为致使证券交易量异常或形成虚拟的交易量水平。

行为人的行为致使证券交易出现下列情形之一的，可认定为影响证券交易价格或者证券交易量：

（1）致使新股或其他证券上市首日出现交易异常的；

（2）致使相关证券当日价格达涨幅限制价位或跌幅限制价位或形成虚拟的价格水平，或者致使相关证券当日交易量异常放大或萎缩或形成虚拟的交易量水平的；

（3）致使相关证券的价格走势明显偏离可比指数的；

（4）致使相关证券的价格走势明显偏离发行人基本面情况的；

（5）证券交易所交易规则规定的影响证券交易价格或者证券交易量的情形；

（6）中国证监会认定的影响证券交易价格或者证券交易量的其他情形。

前款第（1）项至第（4）项所称异常、虚拟的价格水平、虚拟的交易量水平和明显偏离等，可以结合专家委员会或证券交易所的意见来认定。

2. 什么是操纵证券市场罪？如何追诉？

操纵证券市场罪是指以获取不正当利益或转嫁风险为目的，集中资金优势、持股或持仓优势，利用信息优势联合或连续买卖，与他人串通进行证券交易，操纵证券市场交易量、交易价格，制造证券市场假象，诱导或者致使投资者在不了解事实真相的情况下作出证券投资决定，扰乱证券市场秩序的行为。

根据《刑法》第一百八十二条的规定，有下列情形之一，操纵证券、期货市场，情节严重的，处五年以下有期徒刑或者拘役，并处或者单处罚金；情节特别严重的，处五年以上十年以下有期徒刑，并处罚金：

（1）单独或者合谋，集中资金优势、持股或者持仓优势或者利用信息优势联合或者连续买卖，操纵证券交易价格或者证券交易量的；

（2）与他人串通，以事先约定的时间、价格和方式相互进行证券交易，影响证券交易价格或者证券交易量的；

（3）在自己实际控制的账户之间进行证券交易，或者以自己为交易对象，影响证券交易价格或者证券交易量的；

（4）以其他方法操纵证券、期货市场的。

单位犯前款罪的，对单位判处罚金，并对其直接负责的主管人员和其他直接责任人员，依照前款的规定处罚。

另外，根据《最高人民检察院、公安部关于公安机关管辖的刑事案件立案追诉标准的规定（二）》第三十九条第（六）项的规定，上市公司及其董事、监事、高级管理人员、实际控制人、控股股东或者其他关联人单独或者合谋，利用信息优势，操纵该公司证券交易价格或者证券交易量的，应予立案追诉。

IPO“三类股东”或已常态化过会

互联网金融专业组　周荣律师

引言：随着2016年11月证监会核准中原证券含有契约型私募基金过会，到2016年12月海辰药业含有“三类股东”过会，到2017年3月30日长川科技股东中存在大量“三类股东”并获准IPO，再到2017年6月30日证监会对万马科技“三类股东”的核查反馈意见。越来越多企业带着“三类股东”过会的案例不禁让业界疑惑，这是不是监管层释放的对“三类”股东审核的开闸信号？

一、清理“三类股东”的渊源

根据《首次公开发行股票并上市管理办法》第二章发行条件第一节主体资格第十三条的规定：“发行人的股权清晰，控股股东和受控股股东、实际控制人支配的股东持有的发行人股份不存在重大权属纠纷。”现实中资管计划、契约型基金、信托计划由于存在实际利益人委托管理人代为持有股份等原因，发行人股东中含有“三类股东”一直是发行人主体资格的红线。企业拟进行IPO时清理“三类股东”一直是业界遵循的一个规则。

二、近期含有“三类股东”过会的案例

（1）中原证券

2016年11月证监会发布《关于核准中原证券股份有限公司首次公开发行股票的批复》（证监许可〔2016〕2868号）。根据中原证券2016年12月公告的《招股说明书》，我们可以看出中原证券的第二大股东渤海产业基金，其直接持有中原证券18.86%的股份。经查询，渤海产业投资基金管理有限公司（以下简称渤海公司）系经登记备案的基金管理人（登记编码：P1001071），渤海产业基金是其于《私募投资基金监督管理暂行办法》（以下简称《暂行办法》）实施前发行的基金。

根据《招股说明书》的披露，渤海公司是经国家发改委和商务部批准成立的有限责任公司，渤海公司发行的渤海产业基金是经国家发改委批准、按契约形式设立的基金。证监会最终未被监管层要求清理。

有专业人士指出，中原证券的契约型基金直接持有股份过会并不具有代表意义，因为渤海公司发行的该契约型基金成立于暂行办法实施以前，且其成立是由国家发改委及商务部审批。

如果说中原证券的过会没有普遍的指导意义，且并未在业界引起轰动，而几乎在同一时间段过会的海辰药业则一石激起了千层浪。

（2）海辰药业

2016年12月，证监会发布《关于核准南京海辰药业股份有限公司首次公开发行股票的批复》（证监许可〔2016〕3055号），根据海辰药业2016年12月公告的《招股说明书》，其带有资管计划的股东为江苏高投创新科技创业投资合伙企业（有限合伙）（以下简称江苏高投创新科技）。

经查询海辰药业《招股说明书》等公告文件，招商财富资产管理有限公司发行四只专项管理计划，并通过认购江苏高投创新科技的合伙份额间

接持有海辰药业股份。经查询公告的《补充法律意见书》等材料，证监会仅反馈了与拟 IPO 企业及其控股股东、实际控制人、董监高及其他核心人员之间是否存在关联关系、与发行人及其客户与供应商是否存在交易和资金往来；说明投资者追溯到自然人股东或国有股东的股权结构等问题。证监会最终未要求发行人清理其中的资管计划。

有专业人士指出，海辰药业资产管理计划最终穿透至自然人人数仅为四人，且江苏高投创新科技持有发行人海辰药业 3.25% 股份，持有股份数相对较少。但无论如何，海辰药业作为第一只含有三类股东过会的企业，其释放出的监管层对三类股东的监管态度是一个里程碑式案例。

如果说海辰药业带有资管计划过会属于特殊情况，不具有普适意义，那么近期过会的长川科技则更能说明监管层的态度。

（3）长川科技

2017 年 3 月，证监会发布《关于核准杭州长川科技股份有限公司首次公开发行股票的批复》（证监许可〔2017〕405 号），根据长川科技 2016 年 12 月公告的《招股说明书》等公告材料，长川科技中含有“三类股东”的股东为浙江天堂硅谷盈丰股权投资合伙企业（有限合伙）（以下简称天堂硅谷盈丰），天堂硅谷盈丰的出资中 97.28% 来源于契约型私募基金。经查询《补充法律意见书》等公告材料，监管层在反馈意见中问询发行人历史上及目前是否存在委托持股、信托持股及利益输送情形；补充披露天堂硅谷合丰（天堂硅谷盈丰持有天堂硅谷合丰 45% 股权）的股权结构图；补充说明各非自然人股东的完整股权结构（层层打开至最终控制人）；说明发行人是否存在规避股东不得超过 200 人规定的情形。证监会最终未要求清理“三类股东”。

2017 年 3 月，上海证券交易所旗下微信公众号“上交所企业上市服务”发布了一篇指导性文章《新三板挂牌企业 IPO 需要注意什么问题》，其中第 2 点为："对于信托计划、契约型基金和资产管理计划等持股平台为拟上市公司股东的，在 IPO 审核过程中，可能会因存续期到期而造成股权变动，影响股权稳定性，因此拟上市公司引入该类平台股东时应在考虑股权清晰和稳定性的基础上审慎决策。"

通过比较中原证券、海辰药业以及长川科技的过会案例，不难发现拟 IPO 企业中含有"三类股东"已经不是不可碰触的红线，但含有"三类股东"过会的案例也不能说明监管层已经对此开闸。根据前文 2017 年 3 月 16 日上海证券交易所针对新三板企业拟 IPO 的指导性文章，说明监管层并没有放开审核，且这一说明无法满足各方对"权威、公开、明确"的要求。然而，2017 年 6 月 30 日，证监会通过对万马科技的反馈意见无疑打破了这一现状。

（4）万马科技

2017 年 6 月 30 日，证监会披露万马科技的创业板 IPO 申请文件反馈意见，其中明确提及"三类股东"需穿透核查至自然人或国资主体，其中关于"三类股东"核查的反馈意见如下："……（4）标明属于资管计划、信托计划、契约型基金的发行人股东情况，说明发行人股东适当性，法人或机构股东的股权结构情况（直至自然人或国资主体）。"

尽管万马科技目前的股东结构中并没有"三类股东"的身影，但其 IPO 反馈中却明示"三类股东"的审查方向，给了其他新三板拟 IPO 企业一个明确指示。

三、监管观望

笔者认为，虽然监管层至今没有明确发文对于"三类股东"作为拟进行 IPO 发行人股东的适格性认定的规定。但是，通过本文总结的一些案例，首先，"三类股东"已不是拟 IPO 企业过会的红线，其次，监管层已经通过万马科技一案给出了明确的审核方向。如果发行人能够做到详尽披露最终出资人，不存在关联交易、利益输送等情形，且“三类股东”及其管理人均已经相关监管层登记备案，则IPO“三类股东”或将常态化过会。

新三板企业转板 IPO 监管机构审核要点

互联网金融专业组　周荣律师

目前，由于新三板市场的流动性差，融资功能不能满足企业的需求，越来越多的新三板企业选择进行申报 IPO。仅 2017 年 7 月，就有 22 家新三板挂牌公司 IPO 首发申报，以“过会”审核作为标准，2017 年 1 月至 7 月，共有 8 家新三板企业的上市申请提交至发行审核委员会（以下简称上会），其中 7 家通过、1 家取消审核，7 家过会企业中 5 家已发行上市、2 家待发行。

序号	三板代码	三板简称	上会日期	审核结果	A 股代码
1	831645	三星新材	2017. 1. 6	通过	603578
2	430568	光莆电子	2017. 2. 27	通过	300632
3	831215	新天药业	2017. 4. 12	通过	002873
4	430599	艾艾精工	2017. 4. 24	通过	603580
5	830854	族兴新材	2017. 5. 5	取消审核	–
6	832362	佩蒂股份	2017. 5. 10	通过	300673
7	831517	凯伦建材	2017. 5. 24	通过	待发行
8	430605	阿科力	2017. 7. 4	通过	待发行

结合上述已发行的 5 家企业披露的招股说明书、律师工作报告、法律意见书等相关文件，笔者总结了目前证监会对于新三板企业申报 IPO 审核的要点，并简要分析如下：

（一）信息披露一致性问题

1. 反馈意见

证监会在对光莆电子的第一次反馈意见中提出“请说明发行人的‘技术与业务’和‘财务会计信息和管理层分析’等事项在招股说明书中披露的主要内容是否与新三板披露的公开转让说明书之间存在重大差异，如有，请详细说明差异的内容及其原因”。

证监会在对拓斯达的第一次反馈意见中提出“请保荐机构核查发行人在挂牌期间的所有公开披露信息、停复牌等事项，对以上信息与本次申请文件和财务报告所披露内容存在差异的部分，请列示对照表予以解释说明”“关于‘工业机器人’的披露，招股说明书和公开转让说明书差异较大”。请结合报告期内，尤其是在新三板挂牌之后本次公开发行申请材料申报之前，发行人主营业务收入的具体变化情况，量化分析发行人在招股说明书和新三板公开转让说明书中关于发行人所从事行业披露不一致的原因及合理性；说明在招股说明书和公开转让说明书中，按产品类别披露主营业务收入的分类方法存在较大差异的原因及合理性；结合同行业上市公司主要产品的披露信息，说明关于“工业机器人”的定义，说明机械手与“工业机器人”之间的关系。

2. 反馈回复情况

光莆电子在回复中列举了招股说明书与新三板公开转让说明书在“技术与业务”和“财务会计信息和管理层分析”方面的披露差异，但中介机构认为不属于重大差异，因此未披露差异原因。

而在拓斯达的反馈意见中，证监会直接要求披露所有差异部分，因此拓斯达以列表方式详细披露了各项差异及原因，差异原因主要包括：（1）信息披露要求不同；（2）招股说明书的披露更符合企业实际情况；（3）补充披露；（4）信息修正。证监会对此回复未再次反馈。

3. 小结

从拓斯达的反馈意见及回复中可以看出，证监会对于 IPO 申报文件与新三板挂牌、公告文件之间的差异性十分关注，但是这种关注更多的是要求企业如实披露即可，即使对于“补充披露”“信息修正”这样的主观错误，只要对发行条件无实质性影响，一般也不会进一步追究。

（二）关于挂牌期间内发行人的股票交易

1. 反馈问题

（1）证监会在对光莆电子的反馈问题中提出“发行人股份在股转系统挂牌期间的交易情况，披露了本次申报后的股权机构变动情况”。

（2）证监会在对新天药业的口头反馈中提出“请对发行人在新三板挂牌以来新增股东的情况进行核查，并就是否存在关联关系、利益输送行为等事项发表意见”。

2. 反馈回复

根据前述两家公司的答复，光莆电子挂牌期间只存在一笔交易，于挂牌上市当日完成了一笔股权交易；新天药业在挂牌转让期间的交易活动则较为频繁，共在 41 个交易日内发生了交易，但成交数量仅占发行人总股本的 1.58%，经中介机构核查，无异常交易和利益输送的行为。

3. 小结

由于企业曾在新三板挂牌，证监会对挂牌期间的交易情况、新增股东情况是否存在利益输送的问题较为关注，根据中介机构的反馈，上述两家企业的交易情况较为简单，且未致使其股东人数超过 200 人，中介机构通过相关股东出具的说明并对企业股票交易明细进行核查，发表了相关意见。不过，对于挂牌期间交易频繁的新三板公司，该问题的核查工作应该十分耗时。

（三）对赌协议或其他特殊安排

1. 反馈问题

证监会在对拓斯达的第一次反馈意见中提出“2013 年 11 月，兴证创投对发行人增资；2014 年 12 月，达晨创丰、九江通汇（已更名为‘九江华融天泽恒力投资中心（有限合伙）’）、三正金融和高富信创投对发行人增资，说明上述股东与发行人之间有无特殊协议或安排，例如对赌协议；说明兴证创投、达晨创丰、华融恒力和高富信创投与吴丰礼、杨双保、黄代波三位股东之间签有对赌协议的原因及合理性，说明对发行人股权结构的影响，是否符合《首次公开发行股票并在创业板上市管理办法》第十五条的规定”。

2. 反馈回复

拓斯达股改前，兴证创投、达晨创丰、华融恒力和高富信创投对拓斯达有限进行了增资，并与拓斯达有限及其股东在《增资补充协议》中约定了对赌条款，如业绩补偿、股份回购安排、一票否决权、优先清算权等。2015 年 6 月，为配合拓斯达 IPO，上述 4 家公司与拓斯达股东签订了《〈增资扩股之补充协议〉中止合同》，并解除了与拓斯达之间的对赌协议。

证监会在对拓斯达的第二次反馈意见中再次提出“请说明上述股东与发行人、实际控制人、控股股东之间有无特殊协议或安排”。

因此在第二次反馈回复时，上述 4 家公司于 2016 年 11 月与拓斯达股东签订了《〈增资扩股之补充协议〉解除合同》，同意对赌条款不再有效，且视为从来不曾约定过。

3. 小结

在证监会的反馈中可以看出，证监会对此还是比较介意的，认为对赌条款的存在可能违反《首次公开发行股票并在创业板上市管理办法》第十五条的规定：“发行人的股权清晰，控股股东和受控股股东、实际控制人支配的股东所持发行人的股份不存在重大权属纠纷。”因此，新三板企业申报 IPO 时，应尽快对发行人、股东与投资者之间的对赌协议或其他安排进行清理。

（四）三类股东问题

1. 反馈意见

证监会在对上述 5 家公司的反馈问题中，并未直接询问股权结构中是否存在“三类股东”（即资产管理计划、契约型基金和信托计划），但通常要求发行人对股东中的私募基金进行穿透核查，并要求中介机构确认说明发行人股权结构中是否存在委托持股、信托持股或一致行动关系，是否存在利益输送等情形。

2. 反馈回复情况

中介机构对股东进行了穿透核查，认为发行人股权结构中不存在委托持股、信托持股或一致行动关系等情形。

3. 小结

2017 年，“三类股东”口径问题的流变经历了数个阶段，在海辰药业、长川科技成功携带“三类股东”过会后，市场一度以为，“三类股东”将不构成系统性障碍。但事实上，大多数带“三类股东”的企业 IPO 进度处于停滞状态，其中就包括新三板企业海纳生物、博拉网络。因为在新三板的法规体系下，三类股东是可以参与新三板企业定增及交易的，但从 IPO 的审核角度来看，“三类股东”背后往往又有许多股东，特别在多个金融产品层层嵌套的情形下，更容易滋生股份代持、关联方隐藏持股，甚至利益输送等问题。因此，在政策尚未明朗的情况下，对于存在“三类股东”的新三板企业来说，其 IPO 之路前途未卜。

三

公司综合与合规

股权转让中不得不了解的优先购买权制度

公司综合与合规专业组　崔欢律师

现实中曾发生过这样的案例：某集体所有制企业由两名股东 A 公司和 B 公司控股，A 公司欲将其股权转让，B 公司表示同意。于是 A 公司将其股权交由产权交易所挂牌交易。挂牌期间，仅有 C 公司一家摘牌，而 B 公司一直未参与竞价。挂牌期满后，产交所促成 A 公司与 C 公司签订产权交易合同，以挂牌底价成交。后 B 公司主张行使其作为股东享有的优先购买权，最终以挂牌底价收购 A 公司所出让的股权。

收购公司股权不像去商店买一瓶饮料那么简单，交易双方往往需要花费大量的时间和金钱成本，进行反复的谈判与磋商，字斟句酌地拟定股权转让协议……作为股权收购方，如果不想在收购公司股权的交易中像上述案例中的 C 公司一样“为他人作嫁衣”，那么《公司法》中规定的股东优先购买权就是一项必须了解的制度。

一、股东优先购买权及其法律依据

相比于股份有限公司，有限责任公司具有明显的人合性，为了维护这种人合性，公司法规定，当有限责任公司的股东拟对外转让其所持有的公司股权时，其他股东享有在同等条件下优先购买该被转让股权的权利。

具体而言，我国《公司法》第七十一条第二、三、四款规定，“股东向股东以外的人转让股权，应当经其他股东过半数同意。股东应就其股权转让事项书面通知其他股东征求同意，其他股东自接到书面通知之日起满三十日未答复的，视为同意转让。其他股东半数以上不同意转让的，不同意的股东应当购买该转让的股权；不购买的，视为同意转让。经股东同意转让的股权，在同等条件下，其他股东有优先购买权。两个以上股东主张行使优先购买权的，协商确定各自的购买比例；协商不成的，按照转让时各自的出资比例行使优先购买权。公司章程对股权转让另有规定的，从其规定”。

二、如何认定“同等条件”？

“同等条件”是股东行使优先购买权最基本的实质条件。通常情况下，对于同等条件的认定以出让人与受让人协商确定的股权转让价格、支付方式和支付时间为主。除此之外，拟转让股权的数量也应当被列入同等条件的考虑范围。《最高人民法院关于适用〈中华人民共和国公司法〉若干问题的规定（四）》（以下简称《公司法解释（四）》）第十八条规定，人民法院在判断是否符合“同等条件”时，应当考虑转让股权的数量、价格、支付方式及期限等因素。

另外，出让人与受让人协商确定的转让价格是双方谈判、妥协的结果，这其中可能会包含双方当事人的一些特殊关系或特别约定。如果股东仅要求按照出让人与受让人之间的转让价格行使优先购买权，其本身又不能提供相应的承诺或接受相应的附加条件，则不能认定属于同等条件。

因此，为了尽可能排除其他股东行使优先购买权阻断交易的可能性，提高收购成功率，收购方可以采取提高交易价格或承诺附加条件等方式提高整个交易条件的门槛。

需要注意的是，所采取的方式必须符合法律的有关规定，否则有可能造成股权转让协议的无效或被撤销，引发诸多法律风险。例如，如果双方在股权转让协议中虚报一个较高的交易价格，同时又私下约定按照一个较低的价格履行，就有可能因为构成对《合同法》第五十二条的违反，导致股权转让协议无效。

三、出让方应当如何履行通知义务？

在对外转让股权前，出让人应当以书面形式告知其他股东股权转让事项并征得半数以上股东的同意，这是有限责任公司股权对外转让的前置程序，对于其他股东行使优先购买权具有重要意义。

对于通知应当包含哪些内容，《公司法》及相关司法解释中并没有明确规定，各地司法机关在实践中也没有统一的标准。为全面防范法律风险，在股权转让前，出让方需要明确告知其他股东的信息应当包括受让人信息和拟转让股权的类型、数量、交易价格、支付方式、付款时间及其他与股权转让相关的附加条件等。如果未列明具体交易条件，则有可能被认定为未尽到通知义务，从而影响后续股权交易的顺利进行。

对于通知义务的履行方式，公司法明确规定股东应采用“书面通知”的形式。实际操作中，建议出让人采取信函、电子邮件等能够确保到达受通知人且便于保存到达证据的通知形式，以确保履行通知义务的行为被法院所认可。

此外，出让方在给其他股东的书面通知中可以要求其他股东在收到通知后的一定期限内给予答复，并明示逾期不答复即视为放弃优先购买权。该期限应当不短于30日。

受让方在收购有限责任公司的股权时，需要审慎核查出让股东是否已经取得了其他股东过半数的同意，是否依法、全面尽到了通知义务，确保目标公司中其他股东放弃优先购买权的承诺真实有效。必要时，可以在股权转让协议中约定相应的违约条款。

四、哪些情形不适用优先购买权?

1. 当公司股权在股东之间转让时，其他股东无权主张优先购买

我国《公司法》第七十一条第一款规定:“有限责任公司的股东之间可以相互转让其全部或者部分股权。”考虑到股东优先购买权制度设计的初衷是为了保障有限责任公司的“人合性”，因此，当股权转让不涉及公司外部人时，该转让行为不涉及优先购买权的问题，无须经过其他股东过半数的同意。《公司法解释（四)》第十七条也对此作出了进一步明确。

2. 因继承、遗赠而发生的股权转让，不适用优先购买权

根据《公司法》第七十五条之规定，自然人股东死亡后，其合法继承人可以继承股东资格；但是，公司章程另有规定的除外。当自然人股东死亡时，其继承人或指定的受遗赠人受让原股东的股权，这种情况下，虽然受让人为公司外部人，但由于继承和受遗赠均是死因法律行为，属于无偿受让，继承人和受遗赠人不需要支付相应的对价，其他股东无法依据“同等条件”购买该股权，也就失去了行使优先购买权的前提条件。

此外,《公司法解释（四)》第二十条还列举了一种不支持行使优先购买权的情形，即有限责任公司的股东向股东以外的人转让股权，其他股东主张优先购买，股东明确表示放弃转让的，对其他股东的主张不予支持。该条款同时也规定了例外的情况，若公司章程另有规定或全体股东另有约定，其他股东仍然可以在上述情形中主张优先购买权。

结　语

在股权交易的过程中，作为出让股权的股东应当遵守法律规定及公司章程关于股权转让的约定，严格履行书面通知、征求其他股东同意等相关

法律义务；作为受让股权的第三人，应当详尽了解目标公司章程中关于股权转让的详细规定，准确把握法律法规和司法实践中的操作标准，合理设计股权转让协议，有效防范法律风险，以保证交易顺利进行，避免不必要的损失。

如何认定股权受让方知道或应当知道转让的股权存在出资瑕疵

公司综合与合规专业组　崔欢律师

为了防止公司债权人因公司股东出资不实而无法实现合法债权，《最高人民法院关于适用〈中华人民共和国公司法〉若干问题的规定（三）》（以下简称《公司法解释（三）》）第十三条第二款、第十四条第二款规定，债权人可以请求未履行或者未全面履行出资义务的股东及抽逃出资的股东在未出资或抽逃出资的本息范围内对公司债务不能清偿的部分承担补充赔偿责任。如果出资存在瑕疵的股东已经将股权转让，则债权人可以依据《公司法解释（三）》第十八条第一款的规定请求瑕疵股权的受让方承担连带责任。

《公司法解释（三）》第十八条第一款规定："有限责任公司的股东未履行或者未全面履行出资义务即转让股权，受让人对此知道或者应当知道，公司请求该股东履行出资义务、受让人对此承担连带责任的，人民法院应予支持；公司债权人依照本规定第十三条第二款向该股东提起诉讼，同时请求前述受让人对此承担连带责任的，人民法院应予支持。"

在司法实务中，受到信息不对称的限制，债权人往往难以举证证明股权受让方对出让股东存在出资瑕疵的情形已经明知。为了应对举证难题，本文筛选了三个典型的在先判例，能够为我们提供一些"解题思路"。

一、股权受让方在公司担任管理职务的情况下，可以认定受让方知道或应当知道出让股东存在出资瑕疵

在惠州市东方联合实业有限公司、黄智文与深圳市福丰临工贸发展有限公司、深圳市万裕发建材有限公司、深圳东方雅香茶文化村有限公司、黄某宏、曾某岸股东损害公司债权人利益责任纠纷一案①中，法院认为：柏豪公司成立之时，黄某文即担任柏豪公司董事，同时担任公司发起人万裕发公司的法定代表人、董事长，其对柏豪公司发起人未足额出资的情况应当知情，故其受让福丰临公司经黄某转让的30%股权后，应对福丰临公司的前述赔偿承担连带责任。曾某岸自柏豪公司成立时起即担任公司监事，负有稽查公司财务的职责，其对公司发起人的出资情况也应当知情，故其同样应在受让的30%股权范围内对福丰临公司的前述赔偿承担连带责任。

二、股权受让方与出让方、公司其他股东之间存在特殊的身份关联，可以认定受让方知道或应当知道出让股东存在出资瑕疵

在蔡某周、姜某与中国农业发展银行绵阳市分行、四川省恒富生物科技有限公司等金融借款合同纠纷一案②中，恒富公司成立后，发起人龚某、蔡某周通过转账、现金支票的方式抽逃出资，后龚某将其股权转让给汤某环，汤某环将其股权转让给蔡某周的妻子姜某，后姜某又将股权分别转让给上海鼎辉公司和杨某。法院判决由龚某在其抽逃出资的490万元本息范围内对恒富公司对农行绵阳市分行的债务承担补充清偿责任，由姜某对龚某的补充清偿责任承担连带责任。

法院认为，姜某作为恒富公司49%股权的受让人及蔡某周的妻子，应

---

① 深圳市中级人民法院（2015）深中法商终字第2458号。

② 四川省高级人民法院（2014）川民终第99号。

当知道蔡某周、龚某抽逃出资的事实，当其知道该股权是瑕疵股权并且受让时，就理应知道受让该股权的法律后果，即应当承担该瑕疵股权项下的股东出资不实或抽逃出资的民事责任。姜某承担相关责任后，可以依法向抽逃出资的股东龚某进行追偿。

三、出让股东已经因抽逃出资行为受到工商行政管理机关处罚且股权转让双方明确约定出让方用股权转让款补足对公司出资，可以认定受让方知道或应当知道出让股东存在出资瑕疵

在昆山建山新型建材有限公司诉上海原立建筑装饰工程有限公司股东损害公司（以下简称原立公司）债权人利益责任纠纷一案[①]中，法院认为，经原立公司确认，建四公司、现代设计公司将其享有的 A 公司股权转让给原立公司后，建四公司、现代设计公司用原立公司支付的股权转让款向 A 公司补足出资，原立公司已经履行督促的责任。

该事实表明，其一，原立公司在受让建四公司、现代设计公司股权之前即已知晓建四公司、现代设计公司抽逃出资的事实，否则不存在原立公司履行督促义务的问题。其二，建四公司、现代设计公司抽逃出资的行为已经被工商浦东分局进行行政处罚，原立公司作为股权受让方在受让股权之前应当对股权状况及公司经营状况进行审查，其应当知晓工商浦东分局行政处罚的事实。

因此，即便原立公司股权转让时不知晓抽逃出资的情况，根据交易惯例，亦应当推定其知晓建四公司、现代设计公司抽逃出资的事实。原立公司在知晓建四公司、现代设计公司抽逃出资的情况下，仍然受让其股权，故原立公司应当对建四公司、现代设计公司的补充赔偿责任承担连带责任。

---

① 上海市第一中级人民法院（2016）沪01民终10387号。

根据上述三件典型案例可以看出，公司债权人欲试图举证证明股权受让方知道或应当知道股东未履行或者未全面履行出资义务即转让股权，可以重点关注如下两方面的事实：一是股权受让方是否有可能从已公开的信息中了解到股权存在出资瑕疵的情形。公开的信息包括出让方陈述、股权转让协议中的约定、生效裁判文书或行政机关的公文等。二是受让方与公司、出让股东之间是否存在密切的关联关系。这需要深入了解受让方的身份、背景等信息，若受让方为自然人，可以考察其是否曾在公司担任董事、监事或高级管理人员，是否与股权出让方或公司其他股东之间存在婚姻、亲属等身份关联；若受让方为公司，则应查询受让公司的股东、实际控制人与承担债务公司之间的关联关系。

然而，现实中案件情况千差万别，本文也无法详细列举。公司债权人在诉讼过程中可以依据上述思路，在全面、充分了解案件背景信息的基础上灵活运用，以最大限度地维护自身权益。

《公司法解释（四）》发布：关于股东知情权纠纷的实务总结

国企改制与产权交易专业组　许玮律师

2017年8月28日，中华人民共和国最高人民法院公布了《最高人民法院关于适用〈中华人民共和国公司法〉若干问题的规定（四）》（以下简称《公司法解释（四）》），该解释将于2017年9月1日起正式施行。《公司法解释（四）》针对股东知情权进行了更为详细的规定，本文将结合《公司法》《公司法解释（四）》以及法院判例等，对实务中遇到的股东知情权纠纷问题进行总结。

一、诉讼时效

实践中存在两种观点。

第一种，股东知情权纠纷适用《民法总则》中当事人向法院请求保护民事权利的时效期间，从知道或者应当知道权利受侵害之日起三年，即自公司拒绝股东行使知情权之日起，诉讼时效开始计算。

第二种，股东知情权纠纷不适用诉讼时效的规定。理由为股东知情权不具有财产利益内容，是基于股东的身份而享有的权利。

二、法院管辖

由公司住所地法院管辖。公司住所地首先为主要办事机构所在地，当主要办事机构所在地无法确定时，以注册地为公司住所地。

三、诉讼主体

（一）原告为股东

1. 诉讼主体资格

（1）股东已进行工商登记

已进行工商登记的股东为公司的显名股东，具备提起股东知情权纠纷诉讼的主体资格。

（2）股东未进行工商登记

在实践中，若某位实际出资人作为隐名股东未进行工商登记，但其一直以股东的身份履行出资义务、行使股东权利。公司内部的文件中登记了该实际出资人的股东身份，其他股东及公司均认可时，该实际出资人应享有知情权，具有股东知情权纠纷诉讼主体资格。

（3）已退出股东身份的股东知情权资格

第一，股东持股期间合法权益受损。在起诉时虽已不是公司股东，但能证明在其持股期间合法权益受损，向法院请求查询其持股期间公司特定文件的，人民法院予以支持。

第二，因被除名而丧失股东身份。如果股东在行使知情权的过程中遭到公司或者其他股东的恶意除名，其股东知情权不因恶意除名而必然丧失。

第三，股东知情权的延续。股东知情权诉讼中发生股权转让，受让人愿意承接该诉讼的，人民法院予以支持。

2. 股东可以提起诉讼的理由

第一，公司章程、股东协议的约定实质性剥夺了股东知情权。

第二，公司实际上存在损害股东知情权的情形。

（二）被告为公司

在股东知情权诉讼中，公司可以提出抗辩的情形有：

1. 举证证明股东在起诉时不具有股东资格；

2. 举证证明股东有如下“不正当目的”：

（1）除公司章程规定或股东之间的协议约定，股东自营或为他人经营与公司主营业务有实质性竞争的业务；

（2）股东损害公司的合法利益，为向其他方通报信息而查阅公司会计账簿的；

（3）股东提出行使知情权请求前的三年内出现过损害公司利益，为向其他方通报信息而查阅公司会计账簿的情形；

（4）其他存在不正当目的的情形。

四、诉讼权利

在股东知情权纠纷案件中，股东的诉讼权利为知情权。

1. 权利范围

（1）一般规定

第一，有限责任公司。股东有权查阅、复制公司章程、股东会会议记录、董事会和监事会会议决议、财务会计报告；有权查阅会计账簿。

第二，股份有限公司。股东有权查阅公司章程、股东名册、公司债券存根、股东大会会议记录、董事会和监事会会议决议、财务会计报告等。

（2）实践中关于查阅会计账簿的惯例

第一，查阅理由。股东可以笼统地以“了解公司经营及资产状况，维护股东合法权利”为由申请查阅公司会计账簿。

第二，查询范围。有限责任公司股东可查阅的会计账簿包括会计凭证；除非章程另有约定，股东不可查询子公司及关联公司会计账簿。

2. 权利行使

由于专业能力限制，允许股东委托会计师事务所、律师事务所等中介机构辅助股东行使知情权。

3. 权利救济

（1）股东泄密：公司可要求股东赔偿损失。

（2）中介机构泄密：公司可要求会计师事务所、律师事务所等中介机构赔偿损失。

（3）公司董事、高级管理人员等未依法履行职责，导致公司未依法制作或者保存股东行使知情权所涉及的公司文件材料，给股东造成损失的：股东有权要求相关人员承担民事赔偿责任。

本文从诉讼时效、法院管辖、诉讼主体、诉讼权利四个方面，结合新公布的《公司法解释（四)》以及公司法、法院的司法判例，对股东知情权诉讼中的问题进行归纳总结。《公司法解释（四)》的公布，进一步维护和细化了公司股东的知情权，特别注意保护中小投资者的合法利益，有利于建立良好的企业经营环境。

公司和股东们应当知道的事

——法院如何认定公司关联交易损害公司利益以及公司股东维权如何举证

公司综合与合规专业组　刘波律师

随着经济的高速发展，公司之间的交易日发紧密繁杂，公司关联交易在一定程度上无可避免。但如何认定什么才是法律禁止的关联交易及给公司利益造成了损害，这不仅成为普通公司在治理过程中常见的疑难问题，更是在公司关联交易损害责任纠纷诉讼过程中的举证难点，全国司法裁判的认定尺度也纷繁多样。本文将结合 2017 年福建省高级人民法院的一起典型判决案例对此来进行一些探讨。

一、公司法关于关联交易的原则性法律规定

首先，我国《公司法》第二十一条："公司的控股股东、实际控制人、董事、监事、高级管理人员不得利用其关联关系损害公司利益。违反前款规定，给公司造成损失的，应当承担赔偿责任。"这一法条，是我国法律关于公司关联交易原则性、总括性的规定。由此法条可以明确，我国公司法对关联交易并不禁止，仅是禁止利用其关联关系交易来损害公司利益。

那么，哪些人是关联交易方呢？主要包括以下几类人员：

1. 公司的控股股东，一般来讲指占有股份超过 50% 并在工商登记管理注册的股东。

2. 实际控制人，是指虽不是公司的股东，但通过投资关系、协议或者其他安排，能够实际支配公司行为的人。此种行为多见于公司股份存在代持股的情况，即工商注册的股东和实际出资的股东并非完全一致，隐名股东通过代为持有股份的协议，进而能够实际控制公司。

3. 董事、监事、高级管理人员。这就是在公司治理领域，常说的“董监高”三类人。董事、监事是指依据公司法和公司章程在公司担任董事职务、监事职务的人员。高级管理人员，除法律及章程规定最常见的经理外，还可能是专业财务人员、专业技术人员，主要通过章程来进行约定。

4. 其他行政法规或部门规章规定的关联方。

实际上，一些部门规章相比较《公司法》而言，有着更为具体的认定，如财政部发布的2007年1月开始实行《企业会计准则第36号——关联方披露》第四条即认为下列各方构成公司的关联方：

（1）该企业的母公司。

（2）该企业的子公司。

（3）与该企业受同一母公司控制的其他企业。

（4）对该企业实施共同控制的投资方。

（5）对该企业施加重大影响的投资方。

（6）该企业的合营企业。

（7）该企业的联营企业。

（8）该企业的主要投资者个人及与其关系密切的家庭成员。主要投资者个人，是指能够控制、共同控制一个企业或者对一个企业施加重大影响的个人投资者。

（9）该企业或其母公司的关键管理人员及与其关系密切的家庭成员。关键管理人员，是指有权力并负责计划、指挥和控制企业活动的人员。与主要投资者个人或关键管理人员关系密切的家庭成员，是指在处理与企业的交易时可能影响该个人或受该个人影响的家庭成员。

（10）该企业主要投资者个人、关键管理人员或与其关系密切的家庭成员控制、共同控制或施加重大影响的其他企业。

此外，在《证券法》《股票上市规则》《税收征收管理法实施细则》对于关联法人、关联自然人都还有一些补充的认定，而且各部门之间还存在一定的认知差异，这里就不一一列举，应当以《公司法》的规定为准。

二、一起典型的公司关联交易损害责任纠纷案例——福建省高级人民法院（2016）闽民1521号民事判决书

该案是福建省高级人民法院于2017年3月2日作出的终审判决，判决认定上诉人昆明云南红酒业发展有限公司（以下简称云南红公司）上诉自己公司有出资的、在福建销售区域内的总经销商福州德太恒发贸易有限公司（以下简称德太公司）的法定代表人吴某良（被上诉人）与被上诉人福州飞燕贸易有限公司（以下简称飞燕公司）签订的合同为损害公司利益的关联交易，最后法院生效判决，最重要的一项就是吴某良应当于判决生效之日起10日内向德太公司赔偿经济损失3496460.18元。

简要案情为：德太公司成立于2007年5月24日，注册资本1000万元，股东为蒋建渠、云南红公司、吴某良和吴某平，其中云南红公司出资510万元，持股比例为51%，吴某良出资392万元，持股比例为39.20%。吴某良自2008年6月26日起担任该公司法定代表人、执行董事兼总经理，吴某平任公司监事。飞燕公司成立于2002年10月25日，注册资本50万元。吴某良自飞燕公司成立至2011年6月20日期间，为该公司股东，出资额5万元，持股比例10%，并担任公司监事。

2008年6月1日，云南红公司与德太公司签订《产品经销合同》及《经销合同补充协议》，详细约定了各方权利义务，主要在于德太公司有权

在福建省范围内设立经销机构，但对于不同经销结算价格体系的应当严格不同对待。

然而，2008 年 9 月 8 日，德太公司却与飞燕公司签订《经销商合同书》，不仅授权飞燕公司为云南红系列产品在福建省福州市部分渠道、福州八县、宁德地区及全省超市、大卖场的经销商，合同有效期自 2008 年 9 月 8 日至 2011 年 9 月 7 日止。

而且该合同第二条“销售品种、规格及价格体系及超市费用承担”约定：飞燕公司向德太公司提货，按协议附表价格结算，费用投入于第二次提货时视同货款抵扣。另关于商超投入费用，德太公司需承担商超开户费、进场费、快讯费、海报费、专柜陈列费、赞助费、堆头费、广告费，同时自 2009 年 1 月 1 日起德太公司只承担商超 A 类场所导购人员基本底薪 1200 元，B、C 类及以下网点商超导购人员费用均由飞燕公司承担。2009 年 11 月 3 日，吴某良代表德太公司签署《补充协议》一份，就各等级产品的经销价格及费用投入等予以明确。

福建省高级人民法院在二审期间对于案件焦点问题即吴某良代表德太公司与飞燕公司签订及履行讼争合同过程中是否损害德太公司的利益问题作了认定：德太公司与云南红公司签订的《产品经销合同》约定德太公司保证在福建销售区域内按云南红公司规定的产品价格表执行。但 2008 年 9 月 8 日，德太公司与飞燕公司签订《经销商合同书》，德太公司既要以货款抵扣方式按照约定比例给予飞燕公司市场投入费用支持，同时，德太公司还要无条件再承担飞燕公司进行市场销售所需要支出的全部经营费用，包括飞燕公司员工工资。该约定已经超出了云南红公司给予作为省级经销商的德太公司的费用支持待遇。

此外，吴某良代表德太公司与飞燕公司签订的《经销商合同书》之补充协议中，给予了飞燕公司等同于“省级总经销商结算价”的待遇，即按照德太公司从云南红公司进货的省级总经销商价格销售给飞燕公司，显然违背了云南红公司与德太公司签订的《产品经销合同》关于德太公司应保证在福建销售区域内按云南红公司规定的产品价格表执行的约定。吴某良系德太公司的法定代表人，其代表德太公司与飞燕公司签订及履行讼争合同过程中损害了德太公司的利益，不仅导致德太公司未能按约完成销售任务，也导致德太公司的损失。

关于损失数额的认定问题。福建华成会计师事务所有限公司出具的闽华成专审字（2016）第2058号《专项审计报告》表明，德太公司2009年1月~2011年4月期间财务账簿列支的飞燕公司费用共计3496460.18元。上述经审计的费用被认定为德太公司的损失，福建省高级人民法院予以支持。此外，云南红公司还主张德太公司销售额的损失，但未证明该损失的具体数额，福建省高级人民法院不予支持。

最后，福建省高级人民法院认为云南红公司的部分上诉请求成立，依照《中华人民共和国合同法》第五十二条第（二）项，《中华人民共和国公司法》第二十一条、第一百四十八条、第一百五十条，《中华人民共和国民事诉讼法》第一百七十条第一款第（二）项的规定，判决：撤销福建省福州市中级人民法院（2013）榕民初字第1113号民事判决；吴某良于本判决生效之日起10日内向福州德太恒发贸易有限公司赔偿经济损失3496460.18元；驳回昆明云南红酒业发展有限公司的其他诉讼请求等。

三、结合该案的法律分析

1. 认定是否是关联交易应当依据公司工商登记注册信息、章程、合同、相关协议的约定等来进行判断

在司法诉讼中，一般来讲，各方对于认定关联交易并不存在太大的法律障碍和难点，因为法律进行的是实质性审查，《公司法》并不禁止关联

交易。公司可以通过授权律师调取涉案公司工商登记档案，明确股东架构和关系；对于自然人身份关系，同样可以授权律师向公安机关调取户籍档案信息。查明维权方自身的主体资格，各关联方的主体资格，甚至还包括合同的相对方，如前述的案例飞燕公司一样，都可以将其列为诉讼当事人，就完成了诉讼过程中的第一步。

2. 对公司造成利益损害责任举证及固定损失数额

这一点是公司关联交易损害责任纠纷诉讼的重点和难点，前述案件是通过启动职务侵占报案，公安机关在取证阶段委托第三方审计公司进行了审计，虽然这种操作手法具有一定的思路，但实际上并不具有代表性。笔者认为，还是应当从公司内部的资金流向、费用支出、票据往来、无形资产在内的资产是否流失等多方面进行取证。

支撑的法律依据就是《公司法》第三十三条第二款的规定，“股东可以要求查阅公司会计账簿。股东要求查阅公司会计账簿的，应当向公司提出书面请求，说明目的”。公司只有在有合理依据认为股东存在不正当目的的，才有权拒绝。根据对一些案例的分析，在一些纠纷和诉讼启动前，矛盾尚未激化时，通过公司章程内部查账是可能实现的。

3. 公司关联交易损害的交易后果实质性导向原则

由福建省高级人民法院这个案例亦可以看出，法院对于此类公司诉讼，还是保持了公司意思高度自治的原则，即司法裁判并不对于是否符合商业风险，或者公平原则进行考量，更多着重于关联交易的法律后果的确认和详查，是完全偏重于实质性的审查。对于交易习惯、行业地位和附属关系仅是参考的因素，重点在于基于证据显示的交易后果，是显见的、已经产生的、能够查实的对公司造成了损害后果，该关联交易才是法律所禁止的，才是司法裁判所要评价的。

四、结语

综上所述，公司关联交易的风险防范在于章程对于重大决议、议事规则进行在先的约定；重大资产或交易应当聘请律师或会计师进行事先尽职调查；公司股东应充分行使股东知情权查阅账簿等有效了解公司的运营状况。诉讼过程中可以通过司法方法进行第三方审计明确损失数额，更多应当通过对内部财务状况得出直接损失依据，固定相关损害后果等，以避免司法自由裁判权过度介入公司事宜，是进行此类纠纷处理较为务实的一种操作思路。

你会选择原始股东吗

——致正在和即将踏上创业路的创业者①

公司综合与合规专业组 赵金芝律师

2013 年 5 月，一部以新东方创立故事为原型的《中国合伙人》以 5.39 亿元（数据来源：CBO 中国票房）的票房进入大家的视野，这部电影展现了创业者和创业路上许多不为人知的艰辛与波折，也获得了无数创业者的共鸣。电影中，成东青、王阳、孟晓骏三位“事业合伙人”为创立英语辅导品牌——新梦想，付出了巨大的努力，同时也不免分歧与争执，更面临过侵权纠纷，这是现实中众多创业者创业历程的一个缩影。

公司上市或许是大多数创业者都期望实现的终极目标，但实现这个目标关键在于人。小米创始人雷军曾说过，“在创立小米之初，我 70% 的时间都是在找人”。新东方三驾马车之一徐小平也曾感慨，“找合伙人，其实比找对象还难”。创业初期选择的“事业合伙人”分量极重，因为这些人很可能就是公司的原始股东。无论是从管理学还是公司股权设计的角度来讲，创业初期即向创业团队重要成员分配股权往往是大多数创业者的选择。

我们先来讨论一下寻求原始股东共同创业的利弊。

有利之处：

首先，集众之智。在创业过程中个人的力量总是薄弱的，寻求原始股

① 参见邓海虹：《守护股权：股权控制精要详解及实务指引》，法律出版社 2016 年版。

东共同创业可以集合众人的智慧与思路，在遇到低谷时众人的智慧集合或许可以让公司柳暗花明，重现生机。

其次，共同出资。创业设立公司除了人便是钱，公司设立登记时的注册资本需要原始股东全部认缴完毕，股东认缴出资后，便有了对认缴出资进行实缴的义务。寻求原始股东同时也是寻求共同出资人，共同承担创业初期的资金压力。

最后，风险分担。公司创立后可能存在的亏损、公司运营中发生的公司债务、资不抵债时更会面临破产和清算，这些风险对于有限责任公司来讲，股东以其认缴的出资额为限对公司承担责任，股权分散也就意味着风险分散，寻求原始股东同时也是在寻求公司运营风险的分担者。

不利之处：

首先，容易产生意见分歧。往往越是在公司面临重大抉择时，各位股东产生意见分歧的概率越大。联想柳传志和倪光南就是在联想发展的“瓶颈”期对芯片研发路线发生了分歧最终导致两人分道扬镳。

其次，股权设计容易成为隐藏炸弹。股权设计在某种程度上从一开始就决定了公司的生死。创始人一股独大容易使其他原始股东丧失激情，导致共同创业演变成领导与被领导的关系；股权均等直接导致公司有效决策难以形成，出现“谁说了都不算”的情况；股权过于分散又容易丧失控制权，为后续公司控制权大战埋下伏笔。

那么，创业初期原始股东应该是哪些人呢？笔者认为可以从以下几点考虑：

1. 相同又不同的人

何为相同？即价值观相同，对当下公司的运作模式以及对公司未来的方向和设想相同，尤其是对公司未来发展的看法，这点做不到一致那它就可能成为后期矛盾的主要源头。

何为不同？即能力不同，各有所长是最理想的搭档模式，有人擅长管理，有人擅长财务，有人擅长研发，有人擅长销售，如果有专业的法律人才优势将更加明显，这样的团队才是高水准的团队。如果能力相似，那你会的其他股东也会，你不会的其他股东也不会，这就会掣肘公司的发展。《中国合伙人》中，成东青擅长演讲，尤其是自嘲式的授课方式吸引了众多学生；王阳擅长美式思维和口语；孟晓骏擅长签证技巧，各取所长，形成完美链条。

2. 可交托项背的人

没有信任的合作是脆弱的，信任是共同创业的基石，而信任的前提是熟悉，往往共事超过一年之后才比较适合共同创业，只有互相信任才能大大降低后院起火的概率。多数创业者往往会在熟人圈中找公司的原始股东，比如同学、同事、朋友、亲戚等。

王阳在电影中提到“三千万”，其中之一就是“千万别跟最好的朋友合伙开公司”，这话从感情维系上有道理，但对于创业是否真的如此呢？笔者认为还是要具体情况具体分析，在创业初期与好朋友共同创业可以有效降低信任成本，出现矛盾时朋友之间也比较好解决。但当感情和利益纠缠在一起时，一定要先讲规则再谈感情。

3. 能够有效沟通的人

在创业过程中，团队成员出现摩擦和分歧再正常不过，沟通的目的在于解决问题，若团队成员之间沟通存在障碍，问题势必不能得到有效解决。我们经常说失之毫厘谬以千里，对于公司来讲，机会和风口也会转瞬即逝，若因沟通不畅而错过重要时机，将是公司的重大损失。

长久的合作自然为大家所乐见，但同时也要理智看待“分手”，从法律角度来讲，如何才能最大限度地避免来自原始股东的伤害呢？

首先，出资方式尽量全部是货币。尽管根据《公司法》第二十七条第一款的规定："股东可以用货币出资，也可以用实物、知识产权、土地使用权等可以用货币估价并可以依法转让的非货币财产作价出资；但是，法律、行政法规规定不得作为出资的财产除外。"股东可以以其他方式进行出资，但货币毕竟与其他方式不同，只有真金白银地砸进去，主人翁意识才会更加强烈。

其次，权益分配方案必须合理且确定。权益分配包括股权占比以及红利分配等，此两项均属于公司自治内容，不完全依赖法律规定。为避免公司在运营中出现僵局，股权结构应尽量避免两人股东50%：50%或三人股东34%：33%：33%等形式的股权均等分配。在同股同权的情况下，若要保证对公司的绝对控制权，则持股比例应超过66.7%。新东方三驾马车以及万通六君子均为股权均等，最终也都是以"分手"收尾。红利分配方案须经全体股东一致同意，当然对公司债务承担的约定也必不可少。在确定公司章程时，上述方案内容越详尽、越确定，后续发生权益纠纷的概率便会越小，即使发生也有章程作为依据更易于解决。

最后，合作之前务必签署《保密协议》和《竞业限制协议》。无规矩不成方圆，创业之初以法律手段进行事前法律风险防控很有必要，许多创业者认为律师只有事后灭火的作用，但其实法律风险防控应该贯穿整个公司运营过程。有些公司因为是朋友或亲戚共同创业碍于情面并未签署相关协议，这样做的风险很高，尤其是科技类公司，《保密协议》和《竞业限制协议》格外重要，科技类公司在运营过程中会涉及较多商标权、软件著作权、专利权及其他技术秘密信息，若核心研发人员将这些信息带走并从事同类工作，对公司的打击往往是致命的。

创业有风险，选人需谨慎。正在和即将踏上创业路的你，选对原始股东了吗？

四

兼并和收购

如何做好企业并购的法律尽职调查

兼并和收购专业组　殷悦律师

企业并购即企业之间的兼并与收购行为，是企业法人在平等自愿、等价有偿基础上，以一定的经济方式取得其他法人产权的行为。企业并购是资产重组的重要形式之一，是企业走外部成长道路的主要途径，大大地提高了社会范围内资源的有效利用率。

企业并购是一项复杂的法律工程，并购的成功与否取决于众多因素，其中，投资者对目标公司了解的程度是众多决定因素中最为重要的因素之一。因此，投资者必须对目标公司进行必要的调查，了解目标公司各方面的情况。当前许多企业在并购交易中没有认真做尽调，对并购法律风险的调查不到位，导致交易完成后因为遗漏重大情况遭受重大损失，影响了企业的稳定和发展，甚至面临股东诉讼。因此，在风险管理的实践中，尽职调查中的法律尽职调查成为公司并购活动中最重要的环节之一。

本文中，笔者从经办案件的实务角度，整理了企业并购中法律尽职调查需要关注的要点以及方法，希望能给大家带来帮助。

一、法律尽职调查的关注要点

在法律上，企业主要通过资产收购、股权收购的方式进行并购。在采取不同方式进行企业并购的实践中，法律尽职调查所关注的重点有所区别。

（一）资产收购方式

资产收购的主体是收购公司和目标公司，客体是目标公司的资产。资产收购目标在于公司某项或某些有价值的资产，资产收购优于股权收购的地方在于调查范围小，只需要确认资产归属和资产本身的价值即可。但是收购资产有可能被设定他物权等权利限制，因此，资产收购对收购公司而言，存在一定的他物权等实现风险。

此类尽职调查的重点在于：

（1）待收购资产有哪些（不动产、重要动产、知识产权中的专利、商标、著作权、专有技术等）；

（2）待收购资产是怎样取得的，合法性情况；

（3）待收购资产本身的权属状况和价值情况，是否权属清晰、证件齐备，是否存在权利瑕疵、权属争议纠纷或其他权属不明的情形；

（4）有些并购冲着目标公司的专利、专有技术，对于这样的特殊资产，需要注意是否存在即将超过保护期限或者因故已经失去法律保护的情形，是否存在对外授权使用等影响价值的情形。

在有些公司股权转让可能存在法律障碍的情况下，收购方可以选择资产收购的方式，相对来说，资产收购可以避免目标公司存在债务或者经营风险的影响，可以降低商业风险。

（二）股权收购方式

股权收购的主体是收购公司和目标公司的股东，客体是目标公司的股权。

收购公司成为目标公司股东，收购公司仅在出资范围内承担责任，目标公司的原有债务仍然由其承担。目标公司的原有债务对今后股东的收益有着巨大的影响，并且需要对目标公司潜在债务风险予以规避。

股权并购的交易标的相对简单，但是交易蕴含风险更大，目标公司的尽职调查深度和广度上都有更高的要求，对于公司各个层面都要进行详尽的调查，任一方面或者环节的不慎都可能导致并购的失败。

股权并购模式下尽调的重点在于：

（1）股权本身是否存在瑕疵或者权利限制情形，如出资是否存在瑕疵、股东之间是否存在股权争议、股权是否存在质押的情形；

（2）股权变动的程序、价格、是否实际支付、是否存在出资不实（抽逃）、非货币资产出资（评估情况）、国有企业股权变动的特殊程序要求（审批、评估、进场交易、国有资产登记等）；

（3）对于股权价值依托的公司也要进行全方位的调查，如果公司存在重大经营问题，其股权价值也就没有基础，所以调查目标公司是否正常营业，要审阅一切与经营有关的法律文件，比如与第三方（供货商、客户）的合约、有无违反合约、有无重大合同到期；

（4）调查清楚目标公司的债务状况以及今后可能会出现的潜在债务风险，对于这点，并购律师在制作并购方案时，一般情况是在并购协议里做相应的安排，比如担保、反担保或者是付款方式方面做相应的安排，防止或有债务的发生；

（5）目标公司是否面临政府调查或重大损失，审阅一切跟监管和诉讼有关的文件。

股权收购的方式相对来说更加灵活，税负相对低，审批手续少，资产上涉及的各类许可证一般可以不用另行办理。如果收购方想要获得公司的相关资质和既有市场，并且看好公司的预期价值，则可以考虑采用股权收购的方式。

二、法律尽职调查的渠道与方法

（1）现场核查。调阅、核查目标公司的档案资料及其他文件材料。

（2）访谈。约见目标公司的董监高、核心技术人员以及普通员工配合调查有关情况，并制作谈话笔录。

（3）网络检索。通过互联网、纸质媒介公开披露的有关目标公司的宣传介绍、工商信息、诉讼及其他信息等。

（4）相关部门调档。律师可以依法通过收集文字资料、约谈并记录，走访、查阅政府相关部门的档案，调查目标公司的历史沿革，不动产的转让、抵押和权利及权益的质押、企业信用信息等情况。

（5）相关部门证明。通过相关主管部门出具的证明，调查目标公司的刑事、行政处罚、诉讼、仲裁情况等信息。

（6）实地走访。通过对目标公司的客户、供应商进行走访调查，调查目标公司的业务和合同的履行情况。

（7）声明与承诺。针对某些无具体规范依据、相关政府部门无法提供证明或接受访谈的情况。可以要求目标公司出具声明与承诺，保证其陈述内容的真实性。

最后，针对为法律尽职调查提供服务的律师，笔者再做个提醒：无论是股权收购还是资产收购的项目，都需要注意尽调的时间性，项目进度越慢、时间越长，变数可能就会越大，所以应当在尽调开始时就做好时间安排，分清事务的轻重缓急，合理分配人员及其他资源，把收购公司需要了解的关于目标公司的相关信息以及潜在法律风险收集整理完备，在规定的时间内完成尽职调查报告。

公司并购交易对价支付方式及案例介绍

国企改制与产权交易专业组　殷悦律师

并购交易中，支付方式的选择一直是公司并购过程中关注的重要议题。所谓并购支付，是并购方为了获取对目标公司的控制权而选择的支付方式，其内容主要包括现金支付、发行股票支付以及这几种支付方式混合使用的金融合约形式。支付方式的选择关系着交易是否能够顺利完成，且对公司未来发展产生重大影响。需要设计一种既能满足双方需求又能保障交易安全顺利的交易支付方式。为此，交易双方可以通过多种安排达到上述目的，本文将结合相关案例予以介绍。

【案例 1：上海至纯现金收购江尚实业股权】

本次交易为上海至纯洁净系统科技股份有限公司（以下简称上海至纯）收购上海江尚实业有限公司 49% 股权。

1. 在股权转让协议生效后 5 个工作日内，上海至纯向江西特种电机股份有限公司一次性支付完毕 9945 万元的目标股权购买对价。

2. 江西特种电机股份有限公司在股权转让协议签署日后 1 个月内完成董事会审议批准协议项下交易的程序。

3. 上海至纯在协议生效后 60 日内，未全部支付完成目标股权购买对价的，江西特种电机股份有限公司可单方解除本协议。

以现金支付交易对价是并购中最为常见的支付方式。好处就是简单快速，可以保持收购方股权结构不变，且可以降低目标公司股东的风险，缺点就是营运资金压力大，面临较重的税负。

【案例2：银泰资源发行股份购买股权】

本次交易为银泰资源向沈国军、王水、程少良、惠为嘉业、上海趵虎、上海巢盟、上海澜聚、上海温悟、共青城润达非公开发行股份购买其持有上海盛蔚99.7784%的股权。

（一）付款安排

1. 本次发行股份的定价基准日为银泰资源第六届董事会第二十次会议决议公告日。发行价格以定价基准日前20个交易日公司股票交易均价的90%为基准，确定为12.03元/股，最终发行价格尚需公司股东大会审议批准。在定价基准日至发行完成日期间，若公司发生派息、送股、资本公积金转增股本等除权除息事项，将按照中国证监会及深交所的相关规则按相应比例调整发行价格。

2. 沈国军以其所持上海盛蔚19.2905%股权认购股份、王水以其所持上海盛蔚6.6519%股权认购股份、程少良以其所持上海盛蔚9%股权认购股份、海盛蔚以其所持上海盛蔚8.6031%股权认购股份、惠为嘉业以其所持上海盛蔚10.3991%股权认购股份、上海趵虎以其所持上海盛蔚13.3038%股权认购股份、上海巢盟以其所持上海盛蔚8.0488%股权认购股份、上海澜聚以其所持上海盛蔚16.6297%股权认购股份、上海温悟以其所持上海盛蔚8.8692%股权认购股份、共青城润达以其所持上海盛蔚7.9823%股权认购股份。

3. 标的资产的定价原则及交易价格

（1）根据《评估报告书》，截至2016年12月31日，上海盛蔚股东权益评估值为431884.07万元，标的资产的评估值为430933.93万元。

(2) 根据SPA协议（埃尔拉多)、SPA协议（鼎晖）等，上海盛蔚向境外主体购买境外资产的实际交易价格为494120.86万元。

(3) 根据《发行股份购买资产协议》《发行股份购买资产协议之补充协议》，标的资产交易价格以上述评估结果为参考，并结合现金购买实际交易价格、上海盛蔚对银泰资源的负债及交易对方向上海盛蔚实际出资等情况，经协商，标的资产交易价格确定为450000万元。

（二）发行价格调整

当调价基准日出现时，公司有权在调价基准日出现后10个交易日内召开董事会，审议决定是否按照价格调整方案对本次发行股份的价格进行调整。

董事会决定对发行价格进行调整的，则本次发行股份的价格调整为调价基准日前20个交易日（不包括调价基准日当日）公司股票交易均价的90%。在调价基准日至发行日期间，上市公司如有派发股利、送股、转增股本等除权除息事项，则上述发行价格和发行股数将根据有关交易规则进行相应调整。

发行股份收购目标资产是另一种较为常见的并购支付方式。一般有发行股份支付全部对价、发行股份及用自有资金支付对价和发行股份及募集配套资金支付对价。这种支付方式的优点在于不需要大量现金，可以减轻财务压力；目标公司的股东仍然保留其所有者的权益。但是，原有的股权结构被改变，从而稀释收购方原股东权益，使原股东对公司的控制权受到影响。另外，股票价格的波动将会导致股份购买资产成本的不确定。

【案例3：中闽能源发行股份并以资产置换方式购买股份】

经中国证券监督管理委员会《关于核准福建省南纸股份有限公司重大资产重组及向福建省投资开发集团有限责任公司等发行股份购买资产并募

集配套资金的批复》（证监许可〔2015〕628号）文件核准中闽能源股份有限公司向福建华兴新兴创业投资有限公司发行12881581股股份，并以资产置换方式购买其持有的福建中闽能源投资有限责任公司100%股份。

资产权属变更情况：

经中国证券监督管理委员会《关于核准福建省南纸股份有限公司重大资产重组及向福建省投资开发集团有限责任公司等发行股份购买资产并募集配套资金的批复》，中闽能源向福建省投资开发集团有限责任公司等7家公司发行182709905股股份对价合计59928.85万元，并以资产置换方式购买其持有的福建中闽能源投资有限责任公司100%股份。

2015年5月4日，公司与福建中闽能源投资有限责任公司全体股东签署《置入资产交割确认书》，各方确认，自《置入资产交割确认书》签署之日起，与置入资产有关的任何权利、收益、义务、风险均归属于公司，福建中闽能源投资有限责任公司股东确认自《置入资产交割确认书》签署之日起不再承担或享有置入资产的任何权利、收益、义务、风险，福建中闽能源投资有限责任公司股东交付置入资产的义务已经履行完毕。

资产置换支付方式的优点在于支付过程中没有用现金，减少了购买方的现金压力；并且也易于避税。而弊端则在于由于资产置换类似于物物交换，往往难以成交。

通过本文的介绍，相信您已经对公司并购中的支付方式及其优缺点、企业并购选择支付方式的影响因素等有了新的了解，当您在进行并购支付时应当考虑自身的情况选择最佳的方案进行支付。

企业并购的类型和法律尽调要点

兼并和收购专业组　程志远律师

一、企业并购的类型

企业并购，英文表述为Mergers and Acquisitions，简写作M&A，是企业之间在平等自愿、等价有偿基础上，以一定的经济方式取得其他法人产权的兼并与收购行为，是企业进行资本运作和经营的一种主要形式。企业并购主要包括股权收购、资产收购、企业合并三种形式。

（1）股权收购

股权收购（share acquisition），即收购标的为目标公司股东的全部或部分股权，主要方式一般分为两种：通过购买目标公司股东的股份、收购目标公司发行在外的股份，或向目标公司的股东发行收购方的股份以换取其持有的目标公司股份。

（2）资产收购

所谓资产收购，其收购标的即为公司资产，收购行为遵循市场交易原则，是有偿对价。资产收购通常发生的原因是收购公司看中了被收购公司的优质资产，收购行为的最大特点是收购主体不是公司股东而是公司资产。

（3）公司合并

公司合并顾名思义就是两个或两个以上的公司合并为一个公司，包括两种形式：吸收合并和新设合并，用公式表述分别为“A + B = A”“A + B

＝C”。公司合并是变更、注销或新成立公司的行为，其最大特点是无须清算即可改变公司存在形式、股权以及财产结构。

二、并购的法律尽调要点

并购的法律尽调就是律师根据企业并购的目的进行的项目尽职调查。律师需要在尽职调查的基础上提出企业并购的形式并进行并购架构的设计。在企业并购过程中，律师尽调是不可忽略的环节，是后续工作的重要依据和参考，影响甚至决定交易方式及结构，因此，对于法律尽调，一方面是合法性的调查，另一方面也是服务于商业目的的调查。做好法律尽调，需要着重把握以下要点：

（1）企业的主体资格与内部治理情况

这一部分的尽调，需要核查企业基本资料，比如工商底档、现有资质证照、各类经营证书等，律师通过核查对目标企业合法经营、合法存续发表明确意见。通过翻阅工商底档、公司股东（大）会决议、公司章程、三会议事规则、三会会议记录、职能部门与内部管理制度等文件，核查公司设立或存续期间，是否存在设立的程序、资格、条件、方式等不符合当时法律、法规和规范性文件的规定，是否存在设立行为或经营项目未经有关部门审批同意及其设立过程中有关资产评估、验资等不合法合规，标的公司是否依法存续，是否存在持续经营的法律障碍，是否存在对并购的实质性约定或实质性障碍，如股东会一致通过设置、董事更换的限制性规定就可能构成并购的内部障碍。

（2）企业股权结构情况

通过核查企业工商底档，查清工商历次增资与股权转让的情况，目前公司股权结构，是否存在股权质押和查封等权利限制情况，是否存在股权代持、股权激励计划与员工持股等情况，重点核查股权变动的程序、价格、是否实际支付、是否存在出资不实、抽逃出资、非货币资产出资、国有企业股权变动的特殊程序要求（审批、评估、进场交易、国有资产登记等）。

实践中，仅仅核查工商底档是不够的，比如有些存在重大权利瑕疵的股权并未办理工商登记。因此，法律尽调还可以通过对标的公司的内部文件查阅（如重大决策文件、利润分配凭证等），以及向公司其他股东和高管访谈、询问、要求出具声明与承诺等各种手段予以核实。

对公司股权结构的核查，是出具并购方案的重要参考依据。

（3）企业业务情况

主要通过核查公司现行有效的营业执照、通过询问公司主要负责人、通过查阅公司重大业务合同等，判断公司主营业务情况、实际经营业务情况、主营业务变化情况、同业竞争情况、关联交易情况、重大债权债务等，对业务相同或相似的企业在设计并购方案时可以归入一个主体、整合资源，对单体主营业务与并购企业不相干的，可以进行剥离。

通过查阅公司重大业务合同和财务凭证，核查出让方是否对标的公司的全部债权债务，进行如实披露，并纳入股权价值评估范围，标的公司的重大应收、应付款和其他应收、应付款是否合法有效，债权是否有无法实现的风险，对外担保情况是否有代为清偿的风险，是否有因环境保护、知识产权、产品质量、劳动安全、人身权等原因产生的侵权之债等，这些都会对并购产生重大影响或限制，需要在并购之前及时发现、整改或清理。实践中，对一些或有债务，还应当要求出让方作出承诺和担保。

（4）企业资产情况

这部分尽调目的是核查企业权属是否清晰、产权证明是否齐备、是否存在权利瑕疵、产权争议等情况。律师核查的内容包括各类产权证明、权利转让协议、权利取得和限制、对外投资等情况，该项核查可以确定标的公司拥有的土地使用权、房产、商标、专利、软件著作权、特许经营权、主要生产经营设备等是否存在产权纠纷或潜在纠纷；标的公司以何种方式取得上述财产的所有权或使用权，是否已取得完备的权属证书；标的公司对其主要财产的所有权或使用权的行使有无限制，是否存在担保或其他权利受到限制的情况；标的公司有无租赁房屋、土地使用权等情况，以及租赁的合法有效性如何；等等。

对于资产收购而言，一定要确保标的资产不存在权利瑕疵，对于股权收购而言，企业资产状况也会影响股权价值，进而影响收购价格，对于企业合并，上述事项也是务必要核查清楚的，因为企业资产状况直接影响企业合并的效率、效益、对价支付等。

根据《公司法》以及《最高人民法院关于适用〈中华人民共和国公司法〉若干问题的规定（三)》的相关规定，如果出让方存在未履行或未全面履行出资义务，即在转让股权的情况下，受让方有可能基于此种情况，而与出让方承担连带责任。所以，在股权并购法律尽调中，应当特别注意出让方是否全面履行完毕出资义务。依据核查结果，再就风险及责任分担，受让方与出让方进行明确的约定，以规避可能发生的法律风险。

（5）诉讼、仲裁或行政处罚情况，以及税务、环境保护、产品质量、技术标准、劳动用工等情况

核查公司在工商、税务、环保、产品质量、安全生产、劳动人事、海关、外汇等方面的合法合规性，以及公司股东、董监高的合法合规情况，包括主体资格适格性（公务员等特殊身份、公司法规定的任职条件）以及是否存在竞业限制情形、个人资信情况等。重点核查对公司、股东、董监高有重要影响的诉讼、仲裁与行政处罚；通过核查判断标的公司享受优惠政策、财政补贴等政策是否合法、合规、真实、有效，公司生产经营活动和拟投资项目是否符合有关环境保护的要求，公司的产品是否符合有关产品质量和技术监督标准，公司近年是否有因违反环境保护方面以及有关产

品质量和技术监督方面的法律、法规和规范性文件而被处罚的情况；依据《劳动法》、《劳动合同法》及劳动保障相关法律法规，核查公司五险一金缴纳情况。

如果通过核查发现标的公司存在尚未了结的或可预见的重大诉讼、仲裁及行政处罚案件，那么标的公司的生产经营可能受到影响，对公司营收、净利等也可能产生负面影响，这些将直接导致股权价值的降低；如果通过核查发现标的公司在税收、环保、产品质量等方面存在违法违规情况，可以适时提出整改措施；如果通过核查发现标的公司存在劳动用工方面的违法违规行为，可以通过要求出让方作出承诺、担保等方式规避收购方的收购风险。

并购市场潜力股

——私募股权并购基金浅析

兼并和收购专业组　王珊律师

一、并购基金发展整体背景

（一）中国企业海外并购现状

据摩根大通集团出具的报告显示，2016 年 2 月，中国化工以 430 亿美元的价格并购了世界农业化工巨头瑞士先正达公司；2016 年 8 月，中远集团（香港）收购了希腊比雷埃夫斯港控股权，在它们的推动下，中国资本全球并购正在影响全球产业格局，正在以创纪录的速度发展，超过往年交易额。

（二）并购基金发展现状

据该报告统计，全球范围内，由于股价走势积极，对交易双方需要配置的资金也已达到史无前例的规模，2016 年并购市场中地位并不显著的私募基金，2017 年很可能愿意继续支付更高的交易倍数，并投入更多资金以完成交易。据普华永道 2017 年 8 月 24 日出具的报告《2017 年上半年中国企业并购市场中期回顾与前瞻》分析，由国内私募股权基金和财务投资者主导的海外并购，已经成为一个成熟的细分投资领域，2017 年上半年该类交易金额占整个私募股权基金投资数量近 25%，且拥有美元的私募股权基金表现活跃。

着眼于境内，2014 年 3 月 7 日，《国务院关于进一步优化企业兼并重组市场环境的意见》（国发〔2014〕14 号）（以下简称《意见》）规定，各类财务投资主体可以通过设立股权投资基金、创业投资基金、产业投资基金、并购基金等形式参与兼并重组。同年，《上市公司重组管理办法》出具修订意见：鼓励依法设立的并购基金、股权投资基金、创业投资基金、产业投资基金等投资机构参与上市公司并购重组。国家开始全面鼓励并欢迎并购基金参与到市场整合的经济改革中来。

据《2016 年中国并购基金报告》发布数据，2015 年，VC/PE 参与的并购总数为 1277 起，涉及金额达到 5893 亿元。据不完全统计，2016 年 1 ~3月，共有超过 80 家上市公司参与发起设立产业并购基金，其中 30 家基金规模超过 10 亿元，基金总规模超过 400 亿元。进入 2017 年后，截至 7 月，已有 276 家上市公司参与或发起设立产业并购基金。

二、并购基金概述

（一）概念

私募股权投资基金（PE），是通过向一定范围内的机构投资者或特定的个人投资者募集资金，以获取投资收益为最终目的，对具有增值潜力的资产进行投资的基金。

并购基金，是私募股权投资基金中的一种，是从 20 世纪中期在市场经济发展比较健全的欧美国家发展起来的一种基金形式，是指专门从事企业并购投资的基金，是成熟资本市场的主流股权投资基金类型。受益于产业转型，并购基金近年来在我国备受关注。

（二）特点

1. 高风险、高收益。一方面，由于并购基金具有价值发现和价值创造的功能，因而目标企业的盈利提升和成功出售可以为投资者带来较高利益；

另一方面，企业整改所需时间成本及是否整改成功的不确定性也会给投资者带来较高的风险。

2. 资金募集一般以私募形式进行，小部分来源于自有资金，大部分来源于非公开形式募集的资金、债券市场资金或者银行并购贷款以及有较强资金实力的个人，无须公告交易细节。

3. 投资方式上，主要是以取得资产类权益的投资方式进入，通常根据投资企业的具体情况选择控股或参股。

4. 投资对象上，偏好于针对扩张期或成熟期的企业进行投资，相对于创投等主要投资于初创期或成长期的企业，并购基金通常投资于已形成一定规模但价值被低估的相对成熟的企业，这类企业比较容易实现低买高卖，获得较高的收益。

5. 机构设置方面，多采取有限合伙制，可保障投资管理效率，避免双重征税的弊端。

6. 投资退出渠道多样包括：首次公开发行上市、股权转让、标的公司管理层回购等。

（三）主要类型及运作模式

并购基金常见于有限合伙企业形式，一般由私募基金管理人担任普通合伙人，上市公司及其他投资人为有限合伙人。有限合伙企业成立投资决策委员会，普通合伙人和有限合伙人各自委派委员，决策项目投资、退出事宜。主要分为控股型并购基金和参股型并购基金。

1. 控股型并购基金

指基金在参与并购过程中，强调获取目标企业的绝对控制权，并作为企业整合者参与甚至主导目标企业的运营及并购重组交易。主流控股型并购基金多采用有限合伙制，因为这样的组织形式能最高效利用资金及提高并购效率。

典型模式是，并购基金提供资金，目标企业股东出让控股权，基金公司控制目标公司控股权；并购基金通过基金管理人实现对目标公司进行并购整合、优化重组，改善业绩、实现目标企业市场价值的提升，届时并购基金可通过出售目标公司股份或上市等渠道退出。

2. 参股型并购基金

指基金在介入并购过程中，不获取目标企业的实际控制权。相比于控股型并购仅能通过股权融资的单一方式，参股型并购基金可通过提供股权融资或债权融资的方式参与，协助其他并购主导方参与对目标企业的整合和提升。与国外以 PE 为主导的杠杆收购有所不同，我国并购基金大多采用了产融合作的参股型并购基金模式，以实现金融资本和产业资本的优势结合。基本运营模式如下：

（1）PE + 上市公司：指 PE 机构担任普通合伙人，上市公司、上市公司股东或其关联公司作为有限合伙人，共同作为并购基金的发起人，多为有限合伙制。

（2）债券融资 + 股权融资：私募基金协助产业资本对拟收购的目标企业或项目提供财务支持，可通过股权投资、债转股成为企业股东，或提供过桥贷款。企业重组后，选择并购或 IPO 方式退出。

（3）政府引导产业基金：由政府和基金管理人分别认缴部分资金，剩下的由基金管理人通过募集获得。通过部分财政出资引进优秀基金管理人，吸引民间资本，以扶持和引导本地区产业。主要分为以下三种，一是促进中小企业发展的政府引导型基金，以缓解本地区中小企业暂时型基金短缺，促进中小企业发展为目的；二是促进产业机构调整的政府引导型基金，目的在于通过资金走向，引导企业发展新兴产业，促进产业结构优化；三是促进海外并购的政府引导型产业基金，以获取高端技术为目的。

（四）并购基金未来投资发展趋势

并购标的多集中于资源和技术，受国企整合及“一带一路”大环境的影响，2017年并购重点行业将集中在机器人和自动化等科技工业领域以及电力、公用事业和基础设施，自然资源投资等领域。在中产阶级崛起，消费需求不断增长的背景下，与此相关的侧重于知名品牌的消费和休闲/娱乐行业也将成为主要投资对象。而受政府收紧房地产行业在海外投资的政策影响，传统的房地产海外并购活动将有所减少。

三、几点建议或思考

目前大多数并购基金都在模仿一般私募股权投资基金的内部管理模式，并未设置合理、具备风控职能的内部合作机制，同时缺乏对外部监管的重视。

证券交易所对上市公司与私募基金合作并购基金的监管主要是针对信息披露的要求，其目的在于防范利益输送与利益冲突，确保信息隔离机制，不得从事内幕交易、市场操纵、虚假陈述等违法、违规行为。此外，还会关注并购基金投资领域与上市公司主营业务是否存在协同效应、投资失败或亏损的风险（上市公司可能承担的最高风险）、内部管理风险等，以及公司计划如何采取风控措施。

并购基金应据此在决策机制、上市公司优先收购及附条件的回购、职责划分三个方面，遵循监管从严的大方向，与上市公司共同履行义务职责并最大限度地为上市公司收购提前规避或防范风险。

五

互联网金融

银监会清理整顿现金贷互联网金融监管进入细分领域

互联网金融专业组　周荣律师

进入2016年后，整个互联网金融行业都在接受监管的洗礼。互联网金融专项整治席卷了网贷、众筹、消费金融等多个行业，而在这诸多垂直细分的行业中，校园贷和现金贷市场受到了监管部门的关注。

2017年4月10日，银监会发布《关于银行业风险防控工作的指导意见》(以下简称《指导意见》)。《指导意见》指出要稳妥推进互联网金融风险治理，促进合规稳健发展。要重点做好校园网贷的清理整顿工作。网络借贷信息中介机构不得将不具备还款能力的借款人纳入营销范围，禁止向未满18周岁的在校大学生提供网贷服务，不得进行虚假欺诈宣传和销售，不得通过各种方式变相发放高利贷。

在现金贷业务的清理整顿方面是银监会首次提出，《指导意见》指出网络贷款信息中介机构应依法合规开展业务，确保出借人资金来源合法，禁止欺诈、虚假宣传，严格执行最高人民法院关于民间借贷利率的有关规定，不得违法高利放贷及暴力催收。

近两年来，针对普通借款人群的纯信用、无抵押、极速放贷的现金贷业务发展迅速，据统计，目前小额现金贷平台已上千家，有多家平台获得融资，行业利润非常高。据报道，一家中型P2P平台从2014年开始转型做现金贷业务，从一百万资金起家，目前公司总资产已有十几个亿，每年净利润达到2000万，上市公司二三四五的全资子公司上海二三四五金融科技凭借现金贷业务 2016 年净利润达到上亿元。

但在火热的同时，现金贷业务在舆论上饱受批评，很多观点认为现金贷用户都是低信用用户，用途多流向违法领域，以及借新还旧，行业存在大量欺诈，多头借贷在行业里是常事，行业迟早会有大规模的违约出现，针对违约也伴随着违法催收甚至暴力催收等问题。

现金贷的高利息更是成为众矢之的，目前现金贷平台的大多年利息高于 100%，有些平台甚至高达数百，经常有因高利息而使得应偿还金额翻几倍的报道。本次《指导意见》是银监会首次对现金贷业务表态，表明监管部门意识到了现金贷业务的风险，正在着手进行整顿。

一、对现金贷行业的监管要点

目前，做现金贷业务的主体包括银行、消费金融公司、网贷平台、消费金融领域创业企业等。《指导意见》将现金贷清理整顿的内容放到了防范互联网金融风险的部分，显然主要的清理整顿对象是网贷平台和现金贷创业公司。

目前，很多网贷平台在资产端发展现金贷业务，或者对接其他机构的现金贷资产，在资金端推荐给平台的出借人。而很多没有资金端的创业公司将主要精力放在发展现金贷业务上，在资金端靠与银行、小贷公司、网贷平台等机构合作来获取放贷资金。

在借款金额与期限方面，互联网金融公司的现金贷主要有两个区间，一种是几百元到几千元的极速贷款，期限一般在一个月以内；另一种是 1 万元到几万元之间，期限较长，一般 1 年到 2 年。前者准入门槛低，市场需求量大，比较容易盈利；后者以宜人贷、51 人品、功夫贷等为代表，这种产品期限长、金额大、利率低，相较其他类型产品，面临的线上欺诈风险暴增，对于平台风控能力要求较高，且产品验证周期较长，一般此类平台在发展初期会选择牺牲增长速度，以积累数据和模型，在一个完整周期后开始放量。

监管方面，银监会主要提及了四点：

（1）确保出借人资金来源合法；

（2）禁止欺诈、虚假宣传；

（3）严格执行最高人民法院关于民间借贷利率的有关规定，不得违法高利放贷；

（4）不得暴力催收。

以上四点从资金端、信息披露、利率水平、催收四个角度对现金贷平台提出了要求。

二、出借人资金来源合法方面

主要约束对象是熟人借贷平台以及没有线上资金端的那些现金贷公司。

前者因为“裸贷”等问题备受关注，其平台的出借人往往存在借钱加杠杆进行放贷的行为，导致利率越来越高，风险积累越来越大。后者则主要与银行、小贷公司、网贷平台等机构进行合作来获取放贷资金。现金贷是高风险资产，一些中小银行有资产配置的压力，通过信托等形式与现金贷公司合作发放贷款，这一过程是否合理合规，是银行的本金、储户的存款还是客户的理财金，放在表内还是表外，目前行业里很少有相关披露。

三 、禁止欺诈、虚假宣传方面

主要针对平台对于利率、服务费、逾期费、滞纳金、还款时间、还款方式等方面可能存在误导客户的行为进行纠正，确保借款者的知情权。

四、严格执行最高人民法院关于民间借贷利率有关规定方面

主要针对现金贷目前过高的利率与服务费水平。《最高人民法院关于

审理民间借贷案件适用法律若干问题的规定》指出，借贷双方约定的利率未超过年利率24%，出借人请求借款人按照约定的利率支付利息的，人民法院应予支持。借贷双方约定的利率超过年利率36%，超过部分的利息约定无效，借款人请求出借人返还已支付的超过年利率36%部分的利息的，人民法院应予支持。

目前，互联网金融公司的现金贷业务中，借款年利率超过36%的情况非常多，网贷平台需要通过高利息收入来弥补较高的坏账，如果超过年利率36%部分的利息不被支持，对从事现金贷业务的平台打击会非常大。当然，网贷平台一般会通过降低利率提高服务费水平等形式来规避，这就需要银监会出台更多细则来明确哪些费用应算进利息当中。

五、暴力催收方面

因为涉及社会稳定的问题，监管层会非常关注。现金贷平台需要降低对催收的依赖，就要提高风控水平，这是决定现金贷平台是否具有竞争力的关键。

六 、对现金贷行业的影响

《指导意见》的出台，是银监会首次在监管文件中提及现金贷，更像是对行业的一次喊话，或者说是窗口指导，让行业的玩家都注意一下自己的行为。该文件还缺乏具体的操作指引，对行业的影响不会立竿见影，目前更多是心理层面的影响，业界也揣测监管层会有怎样的具体动作。现金贷算是互联网金融里的新生事物，监管层也在研究，如何既能规范行业，又能打击违法行为，预计下一步会有更具体的监管措施出台。

对于现金贷行业而言，监管的到来将加速粗放式发展的结束。一些平台风控不严或者能力不够但依然大量放贷，通过高利息、强力催收来保障收入，这种模式本来问题就很大，随着监管的到来愈加无法持续。如果银监会的政策很快开始严格执行，现金贷行业预计将有很大的调整，大量不合规的现金贷平台会被淘汰。

预计监管部门并不会将现金贷行业一棒子打死，因为确实存在银行不愿服务的信用次级人群，这些人也确实存在融资需求，需要合理引导。如果能通过技术手段来筛选出合适的借款人并提供服务，不失为普惠金融的一种好形式。现金贷业务就像当初的 P2P 一样，严格的监管终会到来，行业将告别粗放，走向规范化。

你知道余额宝背后的故事吗

境外投资专业组　张金金律师

你，理财吗？除了大众熟知的炒股，你有其他的理财途径吗？反应快的人可能立马想到：理啊，我把钱放余额宝了……

确实，把钱放进余额宝赚取高于银行存款的利息（准确来说是收益，而非利息），属于理财的一种。为什么很多人不将钱存入银行或买银行理财产品？余额宝背后的故事，从银行理财开始说起。

1. 商业银行和农村合作金融机构目前存款政策

根据2015年10月23日央行发布的关于下调存贷款基准利率并降低存款准备金率的决定通知①，自2015年10月24日起，下调金融机构人民币贷款和存款基准利率，具体存贷基准利率如下：

金融机构人民币存贷款基准利率调整表

单位:%

	调整后利率
一、城乡居民和单位存款	
（一）活期存款	0.35
（二）整存整取定期存款	
三个月	1.10

① 参见《中国人民银行关于下调金融机构人民币贷款和存款基准利率并进一步推进利率市场化改革的通知》（银发〔2015〕325号）。

续 表

半年	1.30
一年	1.50
二年	2.10
三年	2.75
二、各项贷款	
一年以内（含一年）	4.35
一年至五年（含五年）	4.75
五年以上	4.90
三、个人住房公积金贷款	
五年以下（含五年）	2.75
五年以上	3.25

根据央行有关负责人答记者问[①]，放开存款利率上限的市场条件已成熟，目前仅对活期存款及一年期定存利率上限为基准利率的1.5倍。而实践中各金融机构具体存贷利率均可自行调整，据了解一般会上下浮动20%。

也就是说，商业银行及农村合作金融机构存款利率（包括活期及定期）的浮动区间为0.35%～3.3%。

2. 商业银行和农村合作金融机构目前理财产品

据了解，商业银行和农村合作金融机构目前主要存在以下理财产品：债券投资类、结构性存款和货币市场基金类、证券投资类、PE类、资产投资类、资产支持信托产品投资类、商品投资类、贷款和短期融资类、挂钩类、QDII类。前述理财产品，期限以短期为主，起购点为5万元，以收益率区间为3%～8%的产品居多[②]。

也就是说，购买银行理财产品，其利率区间大多为3%～8%，投资起

---

① 参见2015年10月23日央行货币政策司发布的《央行有关负责人就降息降准以及放开存款利率上限答记者问》，网址：http://www.pbc.gov.cn/zhengcehuobisi/125207/125213/125440/125832/2968751/index.html。

② 参见曹磊、钱海利：《互联网+普惠金融：新金融时代》，机械工业出版社2015年版。

点为5万元。

3. 余额宝收益情况概览

（1）余额宝前世今生

阿里巴巴集团于2000年10月19日成立浙江蚂蚁小微金融服务集团股份有限公司（以下简称蚂蚁金服集团）。该集团目前已布局如下领域：

①网络信息技术（如蚂蚁智信（杭州）信息技术、上海云进信息技术）；②保险代理业务（如杭州保进保险代理、上海蚂蚁韵保保险代理）；③支付业务（支付宝、支付宝钱包）；④银行业务（如网上银行）；⑤消费金融（芝麻信用）；⑥众筹业务（淘宝众筹）；⑦网销保险（娱乐宝）；⑧网络理财（余额宝、招财宝）；⑨供应链金融（重庆阿里巴巴小额贷款、杭州阿里巴巴小额贷款）。

蚂蚁金服集团于2004年12月8日全资设立支付宝（中国）网络技术有限公司（以下简称支付宝公司）。支付宝公司于2011年5月26日获得央行颁发的国内第一张《支付业务许可证》（业内又称支付牌照），目前已成全国最大第三方支付公司。“支付宝”作为其开发的第三方支付交易平台，主要提供的服务包括公共事业缴费服务、手机支付服务等。

2013年6月17日，支付宝公司与蚂蚁金服集团控股子公司“天弘基金管理有限公司”（以下简称天弘基金，属于公募基金管理机构）合作推出线上基金产品余额宝（设立时用名“天弘增利宝货币市场基金”，后名称变更为“天弘余额宝货币市场基金”，基金代码000198）。根据天弘基金于2017年1月发布的《天弘余额宝货币市场基金招募说明书（更新）摘要》，余额宝相关服务机构如下：

可以看出，本质上余额宝是由蚂蚁金服集团控股子公司天弘基金发起设立，由集团另一控股子公司蚂蚁（杭州）基金销售有限公司销售，由全资子公司支付宝公司提供交易平台的一个互联网网销基金产品。

用户可以通过支付宝 APP 直接购买或赎回，1 元起购，获取高于银行活期存款的收益，同时支持即时消费和快速转出提现。余额宝问世后瞬间风靡全国，引发互联网金融狂潮。

（2）余额宝的产品定性及特点

余额宝属于货币市场基金。“货币市场基金”是指仅投资于货币市场工具，每个交易日可办理基金份额申购、赎回的基金。在基金名称中使用“货币”“现金”“流动”等类似字样的基金视为货币市场基金[①]；属于证券投资基金中的低风险品种，其预期收益和风险均低于债券型基金、混合型基金及股票型基金。

货币市场基金投向的金融工具主要为短期货币工具如国债、中央银行票据、银行定期存单、政府短期债券、企业债券、同业存款等短期有价证券的基金产品。该类产品安全系数高，收益稳定。

货币市场基金禁止投向的金融工具包括股票、可转换债券、可交换债券或信用等级较低的债券（AA + 以下）等风险较高的产品。目前我国的货币市场基金一般投向证券交易所或者银行间交易市场，其中以银行间交易市场占主流。

就余额宝而言，当支付宝用户将闲置资金存入余额宝，就意味着对该货币市场基金申购完成，即购买了一定份额的基金产品；余额宝会将募集的资金投向货币市场，如银行间市场。

银行间市场仅允许机构投资者进行交易，且交易额巨大，流动速度快，利率普遍高于银行与储户间的交易。个人投资者无法直接参与，所以余额宝这只基金产品就在个人投资者与银行间市场之间搭建了一座桥梁，不管投资者（即广大人民群众）手里有多少闲钱，都可以借助余额宝参与银行

① 参见证监会、央行联合发布的《货币市场基金监督管理办法》（中国证券监督管理委员会令第 120 号），2015 年 12 月 17 日发布，2016 年 2 月 1 日实施。

间市场的交易。因银行间市场是以银行信用作为保证的市场，所以风险很低，进而余额宝的收益也会很稳定，亏损概率非常低。

（3）余额宝具体收益率

余额宝等货币市场基金的收益率以“7 日年化收益率”的高低来衡量。即该基金过去 7 天每万份基金份额净收益折合成的年收益率，如余额宝今日（2017 年 6 月 15 日）7 日年化收益率为 4.153%（每天都在变动），则表示根据含今日在内历史 7 天的平均实际收益推算，假设一直保持在此收益水平，那么一年的收益率为 4.153%，也就是说“7 日年化收益率为 4.153%”意味着将 1 万元放进余额宝，1 年内可获利 415.3 元。

根据“融 360”的数据资料显示，余额宝与常见理财收益比较（2017 年 6 月 15 日数据）结果如下：

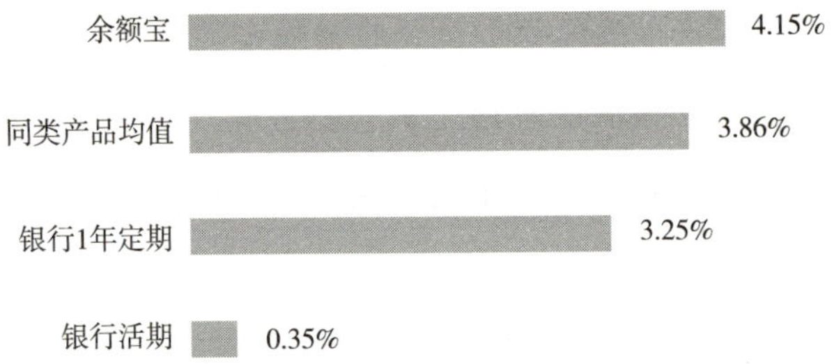

而同类产品 7 日收益排行（2017 年 6 月 15 日数据）情况如下：

同类产品7日收益排行	
❶ 宝盈货币	5.03%
❷ 微信理财通	4.47%
❸ 兴业宝	4.32%
❹ 易方达E钱包	4.30%
❺ 博时现金宝	4.26%
余额宝排名第18	

由上可知，余额宝在同类货币市场基金产品中排名靠前，收益高于同类产品均值，并远高于银行活期及 1 年定期存款利率。

事实上，余额宝七日年化收益率曾在2014年1月2日达到6.763%历史峰值，短暂辉煌后，因为如下两方面原因直线下跌：

（1）央行实行宽松的货币政策，多次降息降准。前文说到货币市场基金（余额宝）主要投向银行间市场，银行利息不断降低，那么该基金产品的收益也会随之降低，反映到7日年化收益率上自然也就不断减少。

（2）支付宝借助余额宝本质上成了一个高息揽储的银行，大量的银行存款被吸引到余额宝里，银行面临严峻的客户存款流失问题。为增强竞争，银行也纷纷推出自己的宝类理财产品。面对有着银行这个强大靠山的竞争对手，余额宝只能分割部分自己的利润出去。

所以余额宝七日年化收益率在2016年9月12日达到历史冰点2.295%。后来又逐步回升，进入2017年5月以来一直维持在4%左右。但不管怎样仍然是高于银行存款利率的。

综上，根据前文的论述，我们可以大致知道余额宝的来龙去脉及收益情况，余额宝仅是众多货币市场基金产品中非常有代表性的一个。货币市场基金收益较高，风险较小，赎回和购买非常方便，已然成为目前理财投资的热门产品，但是也不是没有风险。比如，余额宝如何保证用户资金安全？

如前文所述，余额宝是支付宝平台开放端口，将基金产品接入进来，使社会公众通过互联网平台认识到了货币市场基金这样的理财途径。它的本质是属于第三方支付公司与公募基金公司、基金销售公司的合作成果。那么整个流程中第三方支付公司、基金公司、基金销售公司都将受到怎样的监管以确保用户手里的资金安全？我将资金存放在支付宝里，会不会被挪用、侵占？我从余额宝转出的时候，会不会发生转出不能的情况？为什么余额宝可以实现实时到账？这些钱是从哪里转出的？……

对上述疑问，笔者将在下篇文章中一一分析解答。

第三方支付

——从余额宝谈起

境外投资专业组　张金金律师

我们都知道把钱放入余额宝的行为，实质是购买了天弘基金的基金产品，从余额宝转出属于对基金产品的赎回，具体方式分为转出至余额（即转到支付宝，即时到账）和转出至银行卡（快速到账时间 2 小时内；普通到账时间为 T+1 日 24：00 之前）。

那么你是否想过，一般的货币市场基金赎回时间为 T+1（因为基金公司收到客户的赎回指令后需要进行清算，这会花费一定的时间），为什么余额宝可以做到即时到账？钱从何处来？将钱放入余额宝是否有被挪用、侵占的风险？本文将借助这三个问题和你聊一聊“第三方支付”。

一、第三方支付公司基本概念

（1）根据中国人民银行令〔2010〕第 2 号《非金融机构支付服务管理办法》等相关法规的规定，第三方支付公司指的是依法取得《支付业务许可证》，获准办理预付卡发行与受理、网络支付、银行卡收单等业务的中介机构。

（2）目前第三方支付公司的业务包括三类：预付卡发行与受理、网络支付、银行卡收单。

其中，“预付卡发行与受理”业务：简单直白地讲就是在超市、餐饮、健身等众多领域，商家向消费者发放购物卡，卡内存一定金额的现金。根据该类购物卡是否可以在发卡机构消费，可分为单用途卡和多用途卡。

根据中国支付清算协会（所有的支付公司都必须加入该协会，属于行业自律组织）编制的《中国支付清算行业运行报告（2017）》，预付卡发行与受理在第三方支付公司的业务中占据主要地位。

“网络支付”业务：根据中国人民银行公告〔2015〕第43号《非银行支付机构网络支付业务管理办法》，网络支付包括互联网支付、移动电话支付、固定电话支付、数字电视支付等。

“银行卡收单”业务：根据中国人民银行令〔2010〕第2号《非金融机构支付服务管理办法》，指的是通过销售点（POS）终端等为银行卡特约商户代收货币资金的行为。

（3）自2011年5月3日支付宝公司获得第一块《支付业务许可证》以来，共有267家公司取得该项牌照，因注销、主动申请注销、不予续展和续展合并等因素，调整完毕后的数量为248家（该数据源于中国人民银行网站）。

2016年8月12日，央行就《支付业务许可证》续展工作答记者问中提到，关于《支付业务许可证》的续展，要“总量控制、结构优化、提高质量、有序发展”，一段时期内原则上不再批设新机构。因此，未来一定时期，第三方支付公司将只减不增，这也将导致支付牌照日趋金贵。

目前，知名度比较高的第三方支付公司有支付宝（阿里巴巴旗下）、财付通（腾讯旗下，产品为微信支付）、Paypal等互联网型支付企业，捆绑大型电商，以在线支付为主；以及银联商务、汇付天下、快钱、拉卡拉等金融型支付企业，侧重行业需求和行业应用。

二、第三方支付公司的客户备付金确保资金即时流转

“支付宝”是支付宝（中国）网络技术有限公司（以下简称支付宝公

司）开发的一个交易平台，该公司属于非银行支付机构，即第三方支付公司。余额宝即时赎回的资金实质是由支付宝公司使用客户备付金先行垫资，而非由天弘基金管理有限公司（余额宝的管理人）即时结算交易的。

那么客户备付金该如何监管，才能确保消费者资金不被挪用、侵占及避免其他安全隐患？

（1）相关监管政策出台

客户备付金最初出现于《非金融机构支付服务管理办法》，该规章规定支付机构接受客户备付金的，应当在商业银行开立备付金专用存款账户存放备付金。

但是长久以来，支付机构将客户备付金以自身名义在多家银行开立账户分散存放，平均每家支付机构开立客户备付金账户 13 个，最多的开立客户备付金账户达 70 个。截至 2016 年第三季度，267 家支付机构吸收客户备付金合计超过 4600 亿元①。

客户备付金的规模巨大、存放分散，存在一系列风险隐患，如被支付机构挪作他用，违规占用购买理财产品，跨行资金清算、超范围经营、变相行使央行或清算组织的跨行清算职能，滋生洗钱等犯罪活动，而且多账户监管也阻碍了资金流通及账户统筹监管。

对此，2016 年 4 月 13 日，中国人民银行、中央宣传部、中央维稳办等机构联合印发关于《非银行支付机构风险专项整治工作实施方案》的通知，重点开展支付机构客户备付金风险和跨机构清算业务的整治活动，要求支付机构不得挪用、占用客户备付金，不得以将客户备付金交存银行“吃利差”作为主要盈利模式，要求支付机构回归提供小额、快捷、便民小微支付服务的宗旨。

---

① 《央行就非银行支付机构客户备付金集中存管有关问题答记者问》，网址：http：//www. gov. cn/xinwen/2017 -01 -14/content_ 5159772. htm。

2017 年 1 月 13 日，中国人民银行发布《关于实施支付机构客户备付金集中存管有关事项的通知》，规定自 2017 年 4 月 17 日起，支付机构应将客户备付金按照一定比例交存至指定机构专用存款账户，该账户资金暂不计付利息。

（2）具体存管规定

从 2017 年 4 月 17 日起，所有的第三方支付机构需要根据自己的业务类型向央行指定机构账户按如下分类交存一定比例的备付金：

网络支付业务：12%（A 类）、14%（B 类）、16%（C 类）、18%（D 类）、20%（E 类）；

银行卡收单业务：10%（A 类）、12%（B 类）、14%（C 类）、16%（D 类）、18%（E 类）；

预付卡发行与受理：16%（A 类）、18%（B 类）、20%（C 类）、22%（D 类）、24%（E 类）。

具体交存比例需要根据如下多项指标确定：第一，支付机构具体业务类型；第二，支付机构整体经营稳健性和合规性；第三，支付业务的运营能力、风险防控能力、客户权益保障能力、发展可持续性情况；第四，支付机构对客户备付金利息收入的依赖程度；第五，人民银行每年对支付机构的分类评级等。支付业务中，预付卡发行与受理、网络支付业务、银行卡收单业务的交存比例依次降低。简单直白地说，若交存比例较高，则说明该支付机构的整体资质欠佳，机构管理及业务风险较大。

（3）备付金使用

第三方支付机构本质属于中介机构，客户的资金专门存放在备付金银行，与自有账户和资金独立运转，客户资金的清结算及划转由支付机构下达指令，由备付金银行进行划转操作；备付金以一定比例计提放入专门的监管账户，有较大部分（2016 年第三季度为 42%）以非活期存款形式存放。因此，目前实施的交存比例（最低12%、最高24%）不会影响支付机构的流动性安排。

三、第三方支付公司的市场定位及意义

根据目前的监管动态，第三方支付机构需要将一定比例的客户备付金交存银行，且不计利息，无法再将吃利差作为主要盈利模式，又因其无法吸收公众存款，社会的资金仍然在银行体系内流转，所以第三方支付公司的市场定位将回归至小额、便民的小微支付服务机构，对普通公众来说，第三方支付的出现极大地方便了人们的生活。

同时，对于银行等金融机构来说，因资金的清结算和划转依然是其进行操作，第三方支付机构的发展也将带动商业银行发卡量、结算量和电子银行业务的迅猛增长；此外，备付金集中存管制度实施后，存管银行将有机会进一步寻求与支付机构的合作，所以对金融行业来说，支付机构的发展也正向带动了银行机构的业务增长。

比特币遭遇滑铁卢

——浅议数字货币在我国面临的法律问题①

互联网金融专业组　任晓腾律师

2017年9月4日，央行官网发布《中国人民银行、中央网信办、工业和信息化部、工商总局、银监会、证监会、保监会关于防范代币发行融资风险的公告》（以下简称《公告》），《公告》中指出“本公告发布之日起，各类代币发行融资活动应当立即停止。已完成代币发行融资的组织和个人应当作出清退等安排，合理保护投资者权益，妥善处置风险”。

“本公告发布之日起，任何所谓的代币融资交易平台不得从事法定货币与代币、虚拟货币之间的兑换业务，不得买卖或作为中央对手方买卖代币或虚拟货币，不得为代币或虚拟货币提供定价、信息中介等服务。”

公告发出之后，9月14日晚，国内第一家比特币平台“比特币中国”宣布月底关停。第二天，国内比特币交易平台就收到相关监管部门要求——全部关停，并于近期退出市场。当晚，OKcoin、火币网等多交易平台纷纷宣布即将关停，将于9月30日前通知所有用户即将停止交易，10月31日前，依次逐步停止所有数字资产兑换人民币的交易业务。

关于比特币等数字货币监管的“靴子”终于落地，那么比特币到底是何方神圣、比特币是否还能继续持有以及其在我国遇到了哪些法律问题，

① 参见黄震，邓建鹏：《互联网金融法律与风险控制》，机械工业出版社2017年版。

笔者进行了一些简单的分析：

一、什么是比特币？

比特币是一种 P2P 形式的数字货币，点对点传输，没有发行机构，有去中心化的特点，与普通货币不同，它不依靠特定货币机构发行，而是根据特定算法，通过大量计算产生，比特币使用整个 P2P 网络中众多节点构成的分布式数据库来确认并记录所有的交易行为，并使用密码学设计来确保货币流通各个环节的安全性。

二、比特币与法定货币有哪些区别？

1. 发行主体。比特币没有发行主体，没有中央银行，是一种分布式的虚拟货币；而法定货币的发行主体一般是中央银行。

2. 发行数量。比特币发行的数量是有上限的，目前总数量永久被限制在 2100 万个；而法定货币的发行总量由央行控制，跟本国经济的发展阶段和特定的货币政策调整有关。

3. 信用基础。比特币的信用基础是数学算法，价格取决于算法的可靠性和市场信心；而法定货币的信用基础是国家主权。

4. 使用范围。比特币的使用不受地域限制，只要双方在网络上达成一致便可交易；而法定货币一般需要在自己的主权国家进行使用，或者通过各种形式的货币转换在其他国家使用。

5. 匿名性。比特币的交易双方是匿名的；而法定货币的交易双方大部分是实名的，一小部分是匿名交易。

各国对于比特币是否属于货币有不同的意见，目前我国对比特币定义为“虚拟商品”，而不属于货币，早在 2013 年，人民银行等五部委就发布了《关于防范比特币风险的通知》，该通知规定：“比特币具有没有集中发行方、总量有限、使用不受地域限制和匿名性四个主要特点。虽然比特币被称为货币，但由于其不是由货币当局发行，不具有法偿性与强制件等货币属性，并不是真正意义的货币。从性质上看，比特币应当是一种特定的虚拟商品，不具有与货币等同的法律地位，不能且不应作为货币在市场上流通。”

由此可见，2013 年国家就明确将比特币定性为一种“虚拟商品”。在 2017 年 9 月 4 日央行等七部委发布的《公告》中，对于这种数字货币又进行了性质的强调：“代币或虚拟货币不由货币当局发行，不具有法偿性与强制性等货币属性，不具有与货币等同的法律地位，不能也不应作为货币在市场上流通使用。”

三、比特币在中国遇到了哪些法律问题?

比特币在中国遇到的法律问题主要分为两个方面，第一个方面是一般法律问题，第二个方面是在比特币交易平台遇到的法律监管问题。

首先，比特币遇到的一般法律问题：

（1）比特币容易遭到黑客窃取。如果个人持有的比特币遭到黑客窃取，那么遭受的损失是无法用人民币来界定的。一旦发生被盗取的风险，公安机关有没有办法进行立案、可否到法院起诉都是不确定的，因此比特币可能无法得到法律的严格保护，哪怕可以立案和起诉，但对盗窃数额的认定并没有一种公认的方式。

（2）不知交易对手方的风险。由于比特币具有匿名性，交易的双方不会知道对方的信息，如果出现交易纠纷或者交易失败的情况，因为不知道对方的任何信息，导致没有办法寻求有效的法律救济。

（3）假借比特币进行集资诈骗的风险。比特币的原理一般人不太容易理解，因此造成社会上一些机构和个人，将比特币作为一种工具进行融资，夸大数字货币的功能和升值潜力，但实际上并没有支付对等的比特币，实质上是一种集资诈骗行为。

（4）比特币市值波动较大，容易遭受各个国家的政策影响。比特币的价值部分取决于各个国家央行对它的态度，曾经有一部分国家因为遭受战乱，导致民众大量购买比特币进行避险，刺激比特币上行。

（5）利用比特币洗钱的风险。由于比特币投资门槛较低，而且在一定范围内可以自由进行各种货币的兑换，不仅容易出现偷税漏税的情况，也为某些犯罪组织提供了洗钱的便利。

其次，在比特币交易平台遇到的法律监管问题：

（1）比特币交易机构高管跑路风险。由于比特币在我国缺乏有效的监管，比特币波动较大且容易产生暴利空间，因此发生过比特币交易机构高管卷款跑路的情况，会导致这些平台的客户造成资金损失。

（2）比特币交易无法可依。因为没有相对应的监管规定，交易平台的客户在进行比特币交易时，需要将大量资金转到平台机构的账户中，这样会造成这些交易机构的账户出现大量资金，涉及非法集资的潜在风险。

（3）比特币交易平台缺少类似于A股交易市场的合格投资者标准。很多人跟风投资比特币，但是并不明白比特币所存在的风险，甚至不知道比特币的性质，这样造成比特币价格极其不稳定，而且数字货币交易市场不存在类似于A股市场10%涨跌幅的限制，在市场不健全和缺乏有效监管的情况下，容易造成短时间内投资人血本无归。

四、国家要求关闭比特币交易平台的原因及意义

笔者认为，国家要求关闭比特币交易平台有以下几个方面的初衷：

1. 维护金融市场稳定。比特币进入中国以来，一方面发生了多起利用比特币进行集资诈骗、高管跑路、洗钱、盗窃等现象，造成了国家金融市

场的极大不稳定，甚至绕过国家外汇兑换政策造成资金外流；另一方面比特币币值波动巨大，交易市场不仅缺乏有效监管，而且也没有办法进行有效监管，大量投机者疯狂涌入，不利于金融市场的稳定。

2. 维护社会稳定。很多投资者并不明白比特币的性质，也不是适合的投资者，其风险承受能力有限，一旦比特币币值变化较大或者被骗等情况发生，会对这部分投资者心理上造成巨大创伤，甚至造成群体性事件，从而影响其家庭甚至社会稳定。再者举例，如果某一时间大部分比特币在中国投资者手里，突然其他国家均不承认比特币的价值，那么比特币会砸在这些中国投资者手里，更会造成国内社会的极大不稳定。

3. 比特币并无实体支撑。比特币是一种互联网金融创新，主要价值在于算法的精确性，但是其并没有实物（担保）以及业绩的支撑，中国有大量投资者对其疯狂进行投资，这种疯狂投资本质上就是一种炒作的行为，比特币设立的初衷是有积极意义的，但是就像“水果刀本来是用来削水果的，但是越来越多的人用来杀人”的道理一样，用这个工具的一部分人目的发生了变化，在没有有效的监管之前，必须停止。

五、比特币未来如何发展？

国家目前只是关闭了比特币交易平台，杜绝比特币的炒作和投机，但是并没有否定比特币的存在。

比特币的存在是有其积极意义的，随着全球化以及互联网化的发展，必然会催生类似于比特币这种金融创新，甚至出现多种多样的“数字货币”，但是每个国家发展的阶段不尽相同，在全球化浪潮的今天，比特币这种类型的金融工具可能会越来越多地被接受，但是这需要各个国家之间进行沟通协商，各国出台对比特币的法律监管并达成一致，在法律监管一致的前提下，再放开对此类金融工具的使用，但是在此之前，绝不允许类似金融工具的泛滥和炒作投机，而是只能作为一种“商品”来进行点对点的交易。

六、当前中国特色社会主义经济发展关键词——金融风险

2016年12月14日召开的2016年中央经济工作会议确定了2017年经济工作的基调和重点。其中“防范金融风险”成为会议的一个关键词，会议指出：“要把防控金融风险放到更加重要的位置，下决心处置一批风险点，着力防控资产泡沫，提高和改进监管能力，确保不发生系统性金融风险。”

从目前来看，国家在防范金融风险方面做了大量工作，比如楼市去杠杆、股市去泡沫、稳定人民币汇率、提高对金融机构监管力度等，甚至关闭数字货币交易平台也是一项很重要的防范金融风险的措施，属于“风险点”，也着力防控资产泡沫，首要目的是“确保不发生系统性金融风险”，从而使经济社会保持平稳健康发展。

七、结语

互联网渗透到了我们生活的各个方面，包括手机支付、打车、网购等，在带给我们金融便利的同时，也蕴含着极大的金融风险，而且有着多而杂的特点，我们必须控制好自己的心态，不贪小便宜，练就一双“火眼金睛”，保护自己的金融财产不受侵犯。

六

反垄断及国家安全审查

商务部如何审查经营者集中

反垄断专业组　王钰晴律师

经营者集中的启动程序，即符合《国务院关于经营者集中申报标准的规定》的企业，在实施经营者集中时，均需要向商务部进行申报。那么，在企业申报后，商务部一般是如何审查并作出决定的呢？

自《反垄断法》实施以来，截至2016年12月27日，商务部共作出了两项禁止经营者集中的决定。由于其在禁止经营者集中的决定中，对禁止的理由阐述较为全面、充分，故本文将从这两起禁止决定出发，浅析商务部审查经营者集中的思路及内容。

一、商务部作出的禁止经营者集中的决定

商务部在2009年第22号公告中，对美国可口可乐公司（以下简称可口可乐）与中国汇源果汁集团有限公司（以下简称汇源）的经营者集中作出了禁止决定。这是《反垄断法》颁布后的第一起经营者集中案件，也是商务部作出的第一起禁止经营者集中的决定。

2014年6月17日，商务部第46号公告中，其禁止了丹麦穆勒马士基集团（以下简称马士基）、地中海航运公司（以下简称地中海航运）、法国达飞海运集团公司（以下简称达飞）设立网络中心的经营者集中。

上述两起禁止经营者集中的案件，公告内容总结概括如下：

	可口可乐收购汇源案	马士基、地中海航运、达飞设立网络中心案
法律依据	《反垄断法》第二十七条	
案件基本情况介绍	可口可乐公司是全球最大的饮料公司，亦是全球最大的果汁饮料经销商； 2007年，汇源成为中国果汁行业第一品牌，汇源纯果汁和中浓度果汁饮料的市场份额一直处于全国领先地位； 2008年9月3日，可口可乐公司宣布计划以24亿美元收购在香港上市的中国汇源果汁集团有限公司。	马士基于1904年在丹麦注册成立，是全球最大的集装箱海运企业； 地中海航运于1970年在比利时创建，是全球第二大集装箱海运企业； 达飞于1996年在法国注册成立，是全球第三大集装箱海运企业； 2013年10月，马士基、地中海航运、达飞（以下称交易方）签署协议，拟在英格兰和威尔士设立一家有限责任合伙制的网络中心，统一负责交易方在亚洲—欧洲、跨大西洋和跨太平洋航线上集装箱班轮的运营性事务。
审查内容	参与集中的经营者在相关市场的市场份额及市场控制力； 相关市场的市场集中度； 经营者集中对市场进入、技术进步的影响； 经营者集中对消费者和其他有关经营者的影响； 经营者集中对国民经济发展的影响。	
相关市场	1. 相关商品市场 通过对果汁类饮料和碳酸类饮料之间可替代性以及高、中、低三种不同浓度果汁饮料之间的可替代性进行分析，相关市场被界定为果汁类饮料市场。 2. 相关地域市场 中国大陆市场	1. 相关商品市场 国际集装箱班轮运输服务市场：指集装箱班轮企业按事先制订的船期表，在国际固定航线的固定挂靠港口之间，按规定的操作规则为非固定货主提供规范和反复的集装箱货物运输服务，并按单位标准箱（TEU）运价来计收运费的一种运输服务方式。 与非班轮运输服务、干散货运输服务和油轮运输服务无替代性。 2. 相关地域市场 亚洲—欧洲航线、跨太平洋航线 班轮海运的特点是船舶在固定港口间依照固定航线和时间表航行。由于跨大西洋航线不覆盖中国港口，因此，商务部重点审查了本次交易对亚洲—欧洲航线、跨太平洋航线的竞争影响。

续 表

	可口可乐收购汇源案	马士基、地中海航运、达飞设立网络中心案
竞争问题	集中完成后，可口可乐公司有能力将其在碳酸软饮料市场上的支配地位传导到果汁饮料市场； 集中完成后，可口可乐公司通过控制“美汁源”和“汇源”两个知名果汁品牌，对果汁市场控制力将明显增强，将使潜在竞争对手进入果汁饮料市场的障碍明显提高； 集中挤压了国内中小型果汁企业生存空间，不利于中国果汁行业的持续健康发展。	1. 本次交易形成了紧密型联营，与松散型的传统航运联盟有实质不同。 2. 本次交易将显著增强交易方的市场控制力。 3. 本次交易将大幅提高相关市场的集中程度。 4. 本次交易将进一步推高相关市场的进入壁垒。 5. 交易完成后，交易方通过整合其航线和运力资源，进一步增强其市场控制力，可能挤压其他竞争者的发展空间，使其在未来的竞争中进一步处于劣势地位。 6. 集中还将增强交易方对港口的议价能力。为争取交易方船舶挂靠，港口可能被迫接受更低的港口服务价格，给港口发展带来负面影响。
附加限制性条件的商谈	可口可乐公司针对影响竞争问题提出的救济方案，仍不能有效减少此项集中产生的不利影响。	交易方提交的最终救济方案缺少相应的法律依据和可信服的证据支持，不能解决集中带来的不利影响。
审查决定	此项经营者集中具有排除、限制竞争效果，在规定的时间内，可口可乐公司也没有提出可行的减少不利影响的解决方案，因此，决定禁止此项经营者集中。	此项经营者集中形成了交易方紧密型联营，在亚洲—欧洲航线集装箱班轮运输服务市场可能具有排除、限制竞争效果。参与集中的经营者不能证明该集中对竞争产生的有利影响明显大于不利影响或者符合社会公共利益。因此，商务部决定禁止此项经营者集中。

二、商务部审查经营者集中的思路及内容

通过对两起禁止经营者集中案件的决定进行总结，可以看出，商务部主要依据《反垄断法》第二十七条对经营者集中进行审查，审查思路和审查内容是：

（一）对相关市场进行界定

我国《反垄断法》第十二条第二款规定，本法所称相关市场，是指经营者在一定时期内就特定商品或者服务（以下统称商品）进行竞争的商品范围和地域范围。

实践中，相关市场主要分为相关商品市场与地域市场。界定相关市场，

是对企业市场份额、市场支配力、市场竞争程度等因素进行认定的前提和基础，也是商务部对经营者集中进行审查的第一步。

（二）对涉案企业在相关市场的地位进行认定

在界定相关市场后，商务部将通过企业在相关市场的市场份额、市场支配力等经济数据，对涉案企业在相关市场的地位进行认定。

（三）对相关市场的特点进行分析

在认定了涉案企业的市场地位后，还需要考虑相关市场的特点，主要指潜在企业进入相关市场的难度，即“市场准入门槛”，这需要具体分析相关市场对资本、技术、人员等因素的要求。

（四）对集中完成后可能造成的影响予以预设

由于《反垄断法》是为保护市场公平竞争，维护消费者利益和社会公共利益，促进社会主义市场经济健康发展而制定的法律，所以在对经营者集中进行审查时，还需要对集中可能对消费者、其他竞争者、相关行业乃至整个国民经济造成的影响进行预设，并在此基础上，综合考量集中可能带来的有利影响和不利影响，从而进行法益的衡量。

（五）作出不予禁止、附条件批准或禁止经营者集中的决定

通过界定相关市场、认定企业在相关市场的地位、分析相关市场特点、考量集中完成后可能造成的影响，商务部会对经营者集中是否“具有或可能具有排除、限制竞争效果”作出判断。

根据《反垄断法》第二十八条、第二十九条的规定，如其认为集中不会带来排除、限制竞争效果，或经营者能够证明该集中对竞争产生的有利影响明显大于不利影响，或者符合社会公共利益的，商务部可以作出对经营者集中不予禁止或附条件同意的决定；反之，如果经审查，经营者集中具有或可能具有排除、限制竞争效果，且经营者未提出有效救济方案，商务部则会作出禁止经营者集中的决定。

阿里收购大麦网

——VIE 模式可否在反垄断法与国家安全审查制度下存在①

兼并和收购专业组　王珊律师

[引言]

据报道："2017 年 3 月 21 日，阿里巴巴宣布，继三年前收购票务平台——大麦网 32.44% 股份之后，正式全资收购大麦网。大麦能够提供演唱会、音乐会、话剧、体育比赛等上万种门票订购服务，市场份额占国内可市场化票务部分 70% 以上。"②

众所周知，阿里巴巴是以电子商务、网上支付、B2B 网上交易、云计算等服务为主营业务的中国第二大互联网公司，于 1999 年 9 月 10 日在开曼群岛注册成立，总部设在香港、杭州。公司股东主要包括：美国互联网门户网站雅虎（持股 39%）、日本 IT 产业投资公司软银（持股 29.3%）、创始人马云及管理层（持股 31.7%）。

同年 10 月，完成由美国投资公司高盛牵头的国际财团向阿里巴巴注资 500 万美元的首轮融资，2000 年 1 月，软银又向阿里巴巴注资 2000 万美元。2004 年初，阿里巴巴四家老投资人软银、富达基金、Granite Global

---

① 刘纪鹏、林蔚然：《VIE 模式双重道德风险及监管建议》，载《证券市场导报》2015 年第 10 期。

② 参见《阿里全资收购大麦网！谈了三年恋爱终于领证》，载搜狐财经，网址：http://www.sohu.com/a/129586980_505783，最后访问时间：2018 年 10 月 10 日。

Ventures 和 TDF，以及新投资人硅谷投资基金 Granite 五家风投又注入 8200 万美元给阿里巴巴，由此可见阿里巴巴集团控股的阿里巴巴网络有限公司实质上是一家外资控股公司。

根据国家相关政策规定，国家对提供互联网信息服务的 ICP 实行许可制度，即要求公司获得互联网信息服务业务经营许可证。但当时中国的《外商投资产业指导目录》禁止外商在中国投资提供增值电讯服务（包括提供互联网信息增值服务），按照这一规定，阿里巴巴网络有限公司无法获得此项许可证。阿里巴巴网络有限公司的全资子公司阿里巴巴（中国）网络技术有限公司与持有互联网信息服务许可证的浙江阿里巴巴签订了一系列协议，通过这些协议既保障了阿里巴巴集团对浙江阿里巴巴的控制，又能使浙江阿里巴巴的收益合理地转移至阿里巴巴集团。这一过程实质上就是 VIE 模式的应用。

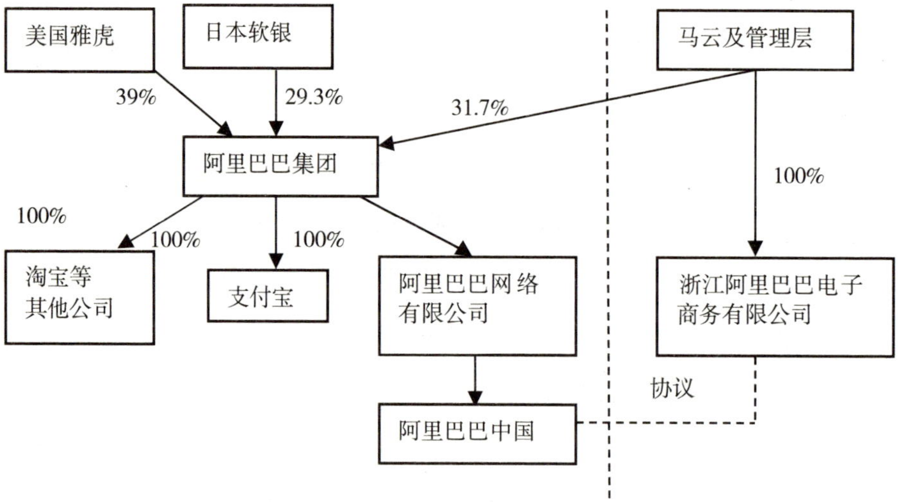

图一　阿里巴巴集团 VIE 模式下的公司关系

自 2008 年 8 月 1 日《反垄断法》生效并实施后，中华人民共和国商务部（以下简称商务部）和中华人民共和国国家工商行政管理总局（以下简称工商局）反垄断局审理了大量涉及外商投资的并购案件，而对像阿里巴巴这样涉及 VIE 架构的新兴海外上市的互联网民营企业，涉及的外商投资和并购案件中，经营者集中的反垄断审查申请，仅是简单地依法条规定，审查并购对市场竞争环境的影响，代表国家安全审查制度的相关执法部门、国家发改委价监司、中华人民共和国工信部（以下简称工信部）及商务部等其他负责外资准入的部门，未对该模式下的反垄断审查申请给予明确规范或答复。

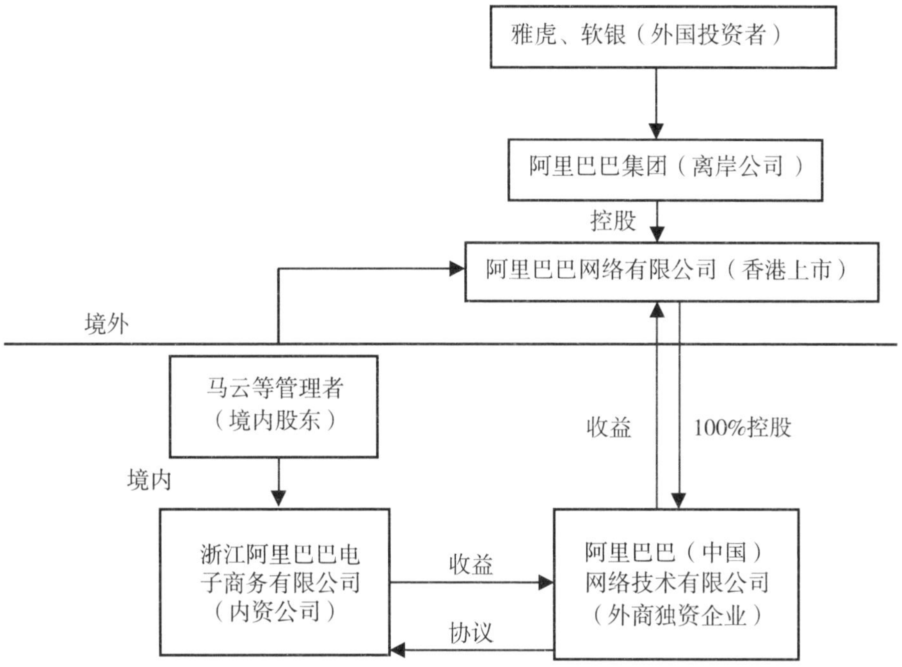

图二　阿里巴巴集团协议控制架构

一、什么是 VIE 模式

VIE（Variable Interest Entity），即“可变利益实体”或“协议控制”，由于新浪首先采用该模式在美国成功上市，因此又称“新浪模式”，此概念来源于美国财务会计准则委员会，具体是指境内运营实体的实际控制人，在境外注册成立上市主体，境外上市主体通过采用一系列排他性协议的方式控制境内运营实体，取得境内运营实体的主要收入和利润，从而达到将境内运营实体的会计报表并入境外上市主体的目的，此时，境内运营实体就是境外上市主体的 VIE（可变利益实体）。VIE 模式的搭建主要通过以下五个步骤来实现：

（1）境内运营实体的创始股东（实际控制人）在境外设立离岸公司 A。

（2）A 公司与 VC/PE 投资人共同在开曼群岛（Cayman）成立一家开曼公司，作为未来的境外上市主体。

（3）境外上市主体再在香港设立一个全资壳公司 B。

（4）B 公司在境内设立外商独资企业（WFOE）。

（5）WFOE 与境内运营实体签署一系列协议，以达到完全控制境内运营实体的目的。

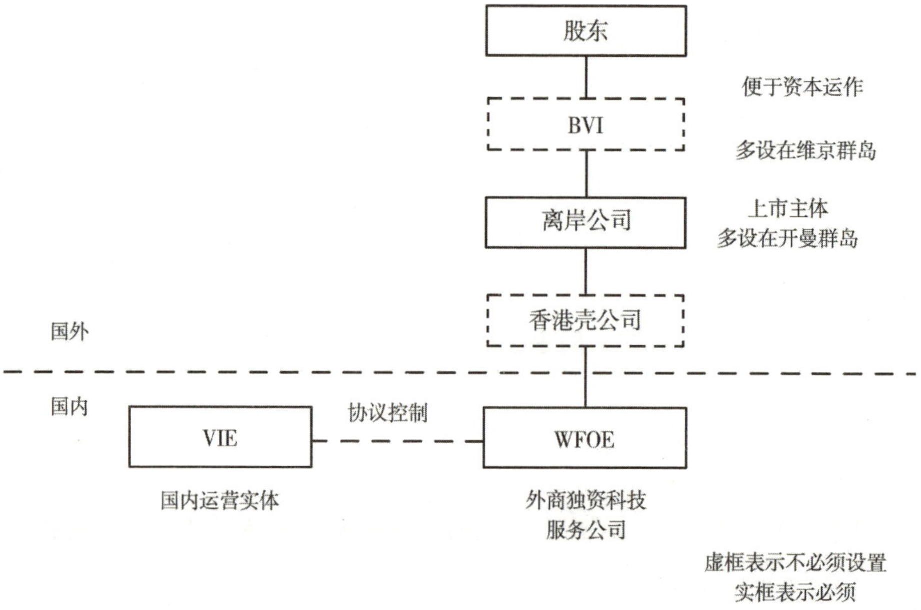

图三　VIE 模式的搭建

完成前述五个步骤之后，VIE 模式的架构就基本搭建完成。该架构通常作为中国境内企业在境外上市的常用做法（如互联网等特定行业在中国被广泛运用）以及境外投资者进入中国禁止或限制外商投资领域的常用模式。

二、反垄断审查与国家安全审查

2008 年 8 月 1 日《反垄断法》出台并生效，且首次在法律层面上确定外资并购境内企业，涉及国家安全的，应当进行国家安全审查制度。2011 年 2 月 3 日，国务院发布《关于建立外国投资者并购境内企业安全审查制度的通知》，规定自该日起 30 日后开始实施对外资并购境内企业国家安全审查制度，并设立以中华人民共和国国家发展和改革委员会、商务部牵头的部级联席会议承担审查工作。

至此，仿照美国的反托拉斯法和美国外商投资审查委员会 CFIUS 关于申报或通报、审查阶段、调查阶段、总统决定四个阶段（30 天 +45 天 +15 天）的严格程序和时限规定以及为确保执行裁量权的充分自由空间而进行的原则性规定，使得国内反垄断法律体系进一步加以完善。

其中，外资并购境内企业的反垄断审查关注的是并购对相关市场竞争状态和竞争格局的影响。《反垄断法》第二十条规定：“经营者集中是指下列情形：（一）经营者合并；（二）经营者通过取得股权或者资产的方式取得对其他经营者的控制权；（三）经营者通过合同等方式取得对其他经营者的控制权或者能够对其他经营者施加决定性影响。”

通常情况下，经营者采取合同的具体方式包括但不限于：认购协议、股权质押协议、委托投票协议、资产许可协议、独家服务协议，符合前述法定情形的构成经营者集中，应当向商务部申报反垄断审查。但此处并没有对何为“取得控制权”加以严格界定。

此外，如果涉及外国投资者通过搭建 VIE 模式并购境内企业达到了经营者集中的申报标准，那么该等并购应当提交商务部反垄断局进行反垄断审查。

因此，如果外国投资者在并购安全审查的范围内使用 VIE 模式并购境内企业，也需要接受并购安全审查。一项外资并购境内企业在国家安全审查和反垄断审查中，既可能同时被肯定，同时被否定，也有可能其中一方面被肯定（或否定），另一方面被否定（或肯定）。而国家安全审查具有所谓“一票否决”性质，即一项外资并购只要国家安全审查不能通过，即使反垄断审查通过也无济于事。因此，国家安全审查制度有可能成为商务部否决使用 VIE 模式的一个途径，但是由于目前尚无先例，因此还不确定政府是否会以此为由对通过 VIE 模式进行的外商投资行为进行监管。

鉴于此，在涉及政府的反垄断审查和国家安全审查时，依然不得通过搭建 VIE 模式予以规避。但因 2015 年 6 月 20 日，工信部发布公告，宣布在上海自贸区开展试点，在全国范围内放开经营类电子商务（在线数据处理与交易处理业务）外资股比限制，外资持股比例可至 100%。意味着电商类中概股拆除 VIE 结构后仍然可以取得相关增值电信业务经营许可证，从而扫清了拆除 VIE 结构后外商投资电信企业获取相关经营资质的法律和政策限制，也使得拆除 VIE 才可回归境内资本市场这一政策导向变得更加明确。

那么，既然工信部已经对相关产业政策进行了调整，商务部反垄断局也应当及时地适用《反垄断法》受理 VIE 架构企业提出经营者集中申报，包括对以往已实施经营者集中案件的后补申报，从而依据与《商务部公告 2012 年第 49 号 关于附加限制性条件批准沃尔玛公司收购纽海控股 33.6% 股权经营者集中反垄断审查决定的公告》同样的尺度，依法进行审查，并禁止或附条件批准其中那些可能造成严重妨碍有效竞争的经营者集中案件。

三、监管与审查建议

以信息披露为核心监管 VIE 风险应该是我国各监管部门未来寻求路径的方向。针对 VIE 的监管仅仅试图走中间路线，也面临诸多障碍。考虑到目前海外融资的监管在逐渐放宽，一旦红筹模式乃至海外直接上市的监管政策放松，VIE 模式也将完成其历史使命并逐渐退出舞台。

一方面，鉴于现实中大量存在的 VIE 架构下采取捆绑利润的方式虚假上市的情况，中国证监会应加强与美国 SEC 的合作，利用自身的地理位置优势，对于此类企业进行切实的监管与审查，以维护中国海外上市企业形象。在具体操作过程中，可以考虑由律师事务所在进行尽职调查时，对该事项进行特别说明与保证，一旦出现上述虚假上市情况，即进行事后的追偿。

另一方面，在上市环节，SEC 方面应就境内实际控制人与 WFOE 实际控制人也即上市主体的实际控制人之间的利益协调问题给予特殊关注，要求上市企业对该问题进行详细的解释说明。

值得注意的是，考虑到现实中 VIE 架构下权利配置方式的具体差异，应该对以下情况进行区分：（1）上市主体的实际控制人与境内 VIE 的实际控制人为事实上的同一人；（2）上市主体的实际控制人与境内 VIE 的实际控制人不为一人，但境内 VIE 的实际控制人在上市主体中有利益存在。前者的利益契合度明显高于后者，因而应尤其提醒投资者对于后者的权力配置关系，并加以指导说明。

综上所述，在这样一个全球一体化电子商务高速发展的时代背景下，VIE 模式在反垄断法与国家安全审查制度下的前景，取决于未来企业上市国内融资政策以及海外直接上市的监管政策的走向。

反垄断审查：出海并购还需面临这道坎

反垄断及国家安全审查专业组　赵彦雯律师

自2016年2月中国化工集团宣布以430亿美元要约收购先正达公司，因交易额巨大、涉及地域广泛，案件受到多国部门审查和监管。仅在美国，收购协议就面临了国家安全审查和反垄断审查的双重审查。

虽然过程艰辛但好在结果喜人。2016年8月交易通过美国外国投资委员会（CFIUS）审查，2017年4月4日美国联邦贸易委员会等反垄断审查机构决定放行。

多数国家为维护经济安全和市场经济秩序，都制定了安全审查和反垄断控制制度。由于中国化工收购对象先正达公司的企业规模和业务体量庞大，这笔收购交易需要通过先正达公司产品覆盖区域内约20个司法管辖区的反垄断和安全审查。如上文所述，美国对本案件审查的管辖权，就是因为先正达公司在美国销售产品并设有研发和生产设施。

美国对外资收购的监管包括以下几类：

（1）对所有收购活动的反垄断审查监管，由美国反垄断机构组织实施；

（2）对收购上市公司的监管，由美国证券委员会进行审查；

（3）对外资收购美国公司的国家安全审查监管；

（4）对重点行业根据专门的并购立法进行的审查。

下文以中国化工收购先正达案件为参照，简述美国外资并购的反垄断审查制度。

反垄断审查法律渊源

美国的反垄断审查主要依据《谢尔曼法》、《克莱顿法》、《Hart - Scott - Rodino Antitrust Improvements Act of 1976》（以下简称《HSR 法》）、《联邦贸易委员会法》以及《反垄断民事程序》等法律规定实施。其中《HSR 法》对大型并购案件的反垄断审查进行程序性规定。此外，《联邦贸易委员会法》《反垄断民事程序》的相关条款还规定了主管机构可对并购案件启动强制调查。

主管机构

美国联邦贸易委员会、司法部反垄断局依法履行反垄断调查的职责。

美国联邦贸易委员会（Federal Trade Commission，FTC），成立于 1914 年，是隶属于美国国会的行政执法机构。机构主要职能是消除和防止商贸领域不正当竞争行为、反垄断及促进消费者权益保护。美国联邦贸易委员会依法对全国范围内的反垄断及消费者保护事务具有行政管辖权。FTC 不具有司法权，不处理垄断犯罪案件。

美国司法部反垄断局，是隶属于司法部的一个办事机构，局长由司法部部长助理担任。反垄断局的审查职能体现在对违反反垄断法的行为提起诉讼，以此来规制不正当竞争、垄断违法犯罪行为、消除不利影响和警示公众。反垄断局的使命是促进经济竞争、维护公平有序的竞争秩序，不具有消费者保护的职能。

审查对象

根据《HSR 法》的规定，达到特定门槛的资产、股票并购案，应提前向主管机关进行申报，并在规定的等待期结束后，才能进行并购。具体地，符合下述情况的投资案，当事人必须在并购完成前提交 FTC 审批：

（1）并购交易额 >2.537 亿美元的；

（2）2.537 亿美元≥交易额≥6340 万美元的情况下，若一方当事人年净销售/总资产 >1270 万美元，且另一方销售额/总资产 >1.269 亿美元的，也需要提交调查申请。

低于 6340 万美元的交易则不在《HSR 法》的审批范围内。

审批流程

FTC 对外资并购的反垄断审查分为两个阶段。

第一阶段：初始审批。在申请人提交完毕审批资料后，美国政府需在 30 天的等待期内作出是否需要调查的决定。决定不调查的并购案可能会在等待期届满前提前通过审批。

第二阶段：决定对并购调查的，美国政府可能会要求补充额外的信息和资料，并延长等待期限，即所谓的“二次要求”期间。审批机构将根据补充材料对并购计划进一步审查，并在提交完所有材料后 30 日内作出是否阻止交易的决定。

借助 FTC 对中国化工收购先正达案件反垄断审查的进展情况，可直观理解该审查流程。

正如中国化工本次并购案在美国受到了 CFIUS 、FTC 双重审查，反垄断与国家安全审查是两道不可避免的程序。此外涉及关键行业、技术又可能会面临更多的审查。在各国政府对外资并购的审查监管要求日趋严格、审查程序具有多重性和交叠性的复杂背景下，法律工作者在处理具体问题时应当做到系统、前瞻的判断，同时也应当注意与处理同一并购案的其他专业团队保持协调同步，共同规划整体联动。

内保外贷——外汇管制中的双刃剑[①]

反垄断专业组　王珊律师

为顺应国际经济发展的客观趋势，“一带一路”和国际产能战略合作在我国改革开放的政策背景下不断被推行，为满足境内企业国际化发展和境外资产配置的内在需求，因而对外直接投资管理就成了国家外汇管理局及其分支局（以下简称外汇局）的职责。

一、什么是内保外贷

“内保”即境内担保，“外贷”可以简单理解为境外贷款或境外融资。根据外汇局发布的汇发〔2014〕29号文《关于发布〈跨境担保外汇管理规定〉的通知》，按照担保当事各方的注册地划分，内保外贷是跨境担保中的一种形式，指担保人注册地在境内，债务人和债权人注册地均在境外的跨境担保。通俗来讲，就是由境内的主体为境外的借款人做担保，一旦境外的借款人无法偿还国外的债务，那么境内的担保人就要履行担保义务，将资金汇出境外用于向海外的贷款人偿还这笔境外债务。也正是因为内保外贷业务中一旦保函履约会发生实际的资金出境，外汇局必须对内保外贷业务进行管理。担保人办理内保外贷业务，在遵守国家法律法规、行业主管部门规定及外汇管理规定的前提下，可自行签订内保外贷合同。常见形

① 参见胥良：《解码跨境担保外汇管理》，载《中国外汇》2016年第9期。

式如下图所示：

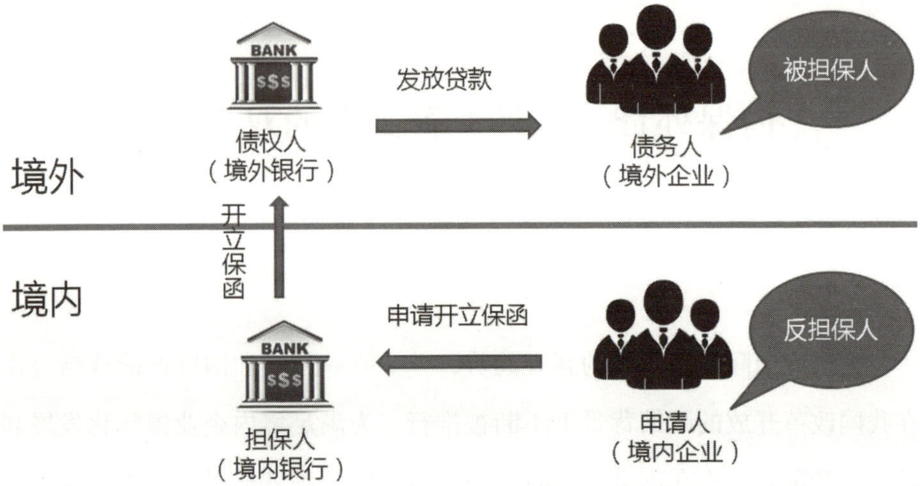

跨境担保，是指担保人向债权人书面作出的、具有法律约束力、承诺按照担保合同约定履行相关付款义务并可能产生资金跨境收付或资产所有权跨境转移等国际收支交易的担保行为。外汇局负责规范跨境担保产生的各类国际收支交易。

二、相关政策规定解析

2014 年 5 月 12 日，外汇局出台了《关于发布〈跨境担保外汇管理规定〉的通知》（汇发〔2014〕29 号），其中包括《跨境担保外汇管理规定》及《跨境担保外汇管理操作指引》两项新规，于 2014 年 6 月 1 日生效，取代了原有的一系列有关对外担保的规定，包括外管局于 2010 年 7 月 30 日发布的《关于境内机构对外担保管理问题的通知》（汇发〔2010〕39 号）。

		银行业金融机构	非银行业金融机构	非金融机构
	审批要求	按照行业主管部门规定，具有相应担保业务经营资格		不适用
		可自行签约		
	登记要求	向资本项目信息系统报送数据	15 个工作日内办理内保外贷签约登记手续	
内保外贷	资金用途	1. 仅用于债务人正常经营范围内的相关支出。 2. ~~原则上不得直接或间接调回境内使用~~（汇发〔2017〕3 号文已放开）。 3. 用于直接或间接获得对境外其他机构的股权或债权时，该投资行为应符合国内相关部门有关境外投资的规定。 4. 被担保的债务为境外机构衍生交易项下支付义务时，债务人从事衍生交易应当以止损保值为目的，符合其主营业务范围且经过股东适当授权。		
	注销登记	向资本项目信息系统报送数据	15 个工作日内办理内保外贷签约登记手续	
	发生担保履约	自行办理	凭登记文件在银行直接办理	
	成为对外债权人的境内担保人或反担保人应办理对外债权登记			

2017 年 1 月 18 日发布了《关于进一步推进外汇管理改革完善真实合规性审核的通知》（汇发〔2017〕3 号）（以下简称 3 号文）

3 号文突破了 2014 年《国家外汇管理局关于发布〈跨境担保外汇管理规定〉的通知》（汇发〔2014〕29 号）（以下简称 29 号文）明令禁止内保外贷业务项下的资金直接或间接调回境内使用的限制，明确允许境外债务人通过向境内进行放贷、股权投资等方式将内保外贷项下资金直接或间接调回境内使用，银行发生内保外贷担保履约的，相关结售汇纳入银行自身结售汇管理。在此之前，为了规避 29 号文的限制，实务中，对于境外子公司向境外银行申请贷款或境外发行债券的交易，境内母公司往往采取流动性支持、股权收购承诺等非“担保”的增信方式，并通过贸易、投资等形式最终实现境外融资资金的回流。因此，3 号文的出台对于内保外贷业务而言应构成一大利好。

2017 年 1 月 13 日中国人民银行发布的《关于全口径跨境融资宏观审

慎管理有关事宜的通知》（银发〔2017〕9号）中，大幅降低了金融机构办理的内保外贷额度的占用，由原先的100%调整至20%，金融机构向客户提供的内保外贷按20%纳入跨境融资风险加权余额计算。

三、内保外贷的机遇与风险

（一）内保外贷业务创造的机遇

第一，跨境“增信”。可以帮助国内企业走向国际市场，使其境外分公司获得海外融资。首先，由于境外新设公司成立之初，尚未开展业务，现金流不足，亦难以从国外银行获得融资，故需要境内母公司的资金流动支持。而境内中资企业的主要合作银行一般又都在国内（除非是大型跨国公司），因而，可以通过“国内企业——国内银行——国外银行——国外企业”的模式建立信用链条，最终达到为境外公司获得融资支持的目的。其次，通过备用信用证①模式在海外发债，其债项评级很可能被视同为该备用信用证开立银行的评级，能够降低发债融资成本。当然融资性担保本身占用银行的资本，在没有保证金的情况下，银行也会收取高额的费用。

第二，实现资金或资产的“间接出境”。在ODI②受阻，有钱出不去的情况下，国内企业用国内的资产或者存款在银行获得授信，通过境内银行开立保函至境外银行，由境外银行将资金输送给境外企业，以此达到间接出境的目的。

第三，内保外贷因贷款主体在境外，对境内银行来讲仅仅是一笔表外

---

① 备用信用证（standby letter of credit）又称担保信用证，是指不以清偿商品交易的价款为目的，而以贷款融资，或担保债务偿还为目的所开立的信用证。开证行保证在开证申请人未能履行其应履行的义务时，受益人只要凭备用信用证的规定向开证行开具汇票，并随附开证申请人未履行义务的声明或证明文件，即可得到开证行的偿付。备用信用证只适用《跟单信用证统一惯例》的部分条款，现在为UCP600部分条款。

② ODI（overseas direct investment）：对外直接投资，是指我国企业、团体在国外及港澳台地区以现金、实物、无形资产等方式投资，并以控制国（境）外企业的经营管理权为核心的经济活动。

的或有负债，还能够在一定程度上规避境内贷款规模，贷款用途等问题。

第四，由于境内外资金成本存在差异，使得跨境担保也经常被用于跨市场的资金套利业务。通过银行保函，从海外获得低成本的融资。

（二）内保外贷业务产生的风险

内保外贷作为或有债务，一旦发生履约会导致实际的资金流出，对我国国际收支及人民币汇率的稳定性产生影响，如管理不慎还可能演变为资金外套或资产转移的通道。

第一，主体资格合法性审核不到位。根据现行规定，境内投资者应在有关境外投资主管部门办理境外投资审批或备案，而后在外汇局办理境外投资外汇登记，即为合法设立的境外主体。但很多银行仅审核境外机构是否在境外当地注册，对企业的股东或实际控制人情况不做任何尽职调查，特别是在境内申请人存入足额保证金或取得银行授信的情况下，会毫无顾忌地出具担保。因而容易增加此类企业资本外逃的风险。

第二，对被担保人的还款能力缺乏实质审查。对被担保人，即第一还款人现金流状况的审核较为宽松，使得一些财务状况不佳的境外企业也被纳入担保对象，导致履约有所增加。

第三，担保履约后境外债权登记和管理未落实，存在境内资金外流的风险。

第四，融资性担保的主债务资金用途难以得到有效监控。

第五，在担保币种及主债务币种均是人民币的情况下，一些银行和企业并未执行外汇局的跨境担保外汇管理政策，人民银行亦未就跨境担保制定专门的管理规定，使得一些不能办理的外汇形式跨境担保转而通过人民币跨境担保方式操作，本外币跨境担保政策不协调，导致了监管套利行为，进而干扰了我国对全口径跨境担保风险的管控。

四、改革措施

跨境担保外汇管理目标在于服务实体经济、支持合法合规涉外经济交易、防范通过跨境担保途径实现套汇套利和资产转移等行为，及跨境担保恶意履约导致的异常跨境资金流动对我国国际收支平衡和人民币汇率稳定的影响。具体措施可表现为：

第一，按照穿透式管理的要求，核实被担保人的实际控制人情况，加强对被担保人主体资格合法性审查。对于实际控制人在境内，却未办理境外投资外汇登记的担保行为，一律不予办理。

第二，审核被担保人财务状况是否具有充足现金流以覆盖债务本息，或履行非融资交易的能力。

第三，对发生担保履约的担保人进行重点核查，对于因未切实履行审核职责导致担保履约发生的，从严查处。

第四，明确履约后反担保人办理对外债权登记的责任。

第五，明确跨境担保不得办理的业务，也不得通过境外放款渠道绕道办理，避免监管套利。

第六，将主债务币种与担保币种均为人民币形式的跨境担保纳入跨境外汇担保管理规定，分账核算，参照离岸业务管理办法纳入内保外贷或外保内贷的管理范围。

七

国企改革与产权交易

国企新时代　改革再出发

国企改革与产权交易专业组　赵卓然律师

一、改革背景

过去三十多年来，国有企业改革的脚步一直没有停止过。国有企业改革是必然和必需的，是中国未来经济发展、企业生存和发展的必由之路。国企一般分为中央企业和各地方国资委监管的省属国有企业。

党的十八届三中全会《关于全面深化改革若干重大问题的决定》，提出要准确界定不同国有企业的功能，推动国有企业完善现代企业制度，积极发展混合所有制经济。2015 年 8 月 24 日，中共中央、国务院联合发布的《关于深化国有企业改革的指导意见》为国有企业改革指明了方向，该意见明确：至 2020 年，国有企业公司制改革应基本完成，发展混合所有制经济取得积极进展。

时至今日，国有企业已经到了不得不变革的时候，经济下行、产能过剩，加之原材料价格攀升导致的成本过高，国有企业也不再像以往风光无限。部分央企净利润逐年下滑，出现亏损甚至巨亏。2012 年中国远洋亏损

95.6亿元，2014年中国铝业巨亏162亿元[①]，2015年鞍山钢铁亏损46亿元[②]。拿上述三家央企中亏损最少的一家鞍钢来说，46亿元是什么概念？中央企业中最小的一家总资产为47.1亿元，鞍钢一年的亏损额就相当于这家企业的全部家当。

二、改革现状

中央企业积极探索开展了多层次的改革试点，如投资公司、运营公司的试点，国投、中粮集团两个公司都进行了试点。从企业反映的情况看，他们的积极性也比较高，试点效果也不错。比如，开展落实董事会职权的试点，在国药集团、中国建材、中国节能、新兴际华集团开展了落实董事会职权试点，真正把权力放在董事会，特别是新兴际华集团的试点更先走一步，总经理由董事会聘任，所以总经理压力很大，经理班子压力也很大，因为有任期制，在原有基础上，在考核的问题上往前进了一步，这在中央企业的集团层面还是第一次。再如，混合所有制改革，中石化引民资入销售业务，中石油推进油气管网混合所有制。

三、改革中容易出现的误区

国有企业的兼并重组是改革的重要方式之一，当前形势下，不能只注重中央企业的数量，进行国有企业间的兼并重组，并不是为了单纯减少企业的数量，而是为了更好地优化资源配置，激发国企活力与竞争力，化解过剩产能，实现"1+1"大于2的效果。兼并重组，兼并是手段，重组是

① 《三大证券报头条要闻汇总》，载财新网，网址：http：//companies. caixin. com/m/2015 - 02 - 03/100780971. html，最后访问日期：2018年7月。

② 《鞍钢集团2015年巨亏近46亿　员工自称变成啃老族》，载新浪财经，网址：http：//finance. sina. com. cn/chanjing/gsnews/2016 - 04 - 08/doc - ifxrcuyk2415229. shtml，最后访问日期：2018年7月。

目的。被兼并的企业由于各种原因得到了资金支持后产能继续扩大，结果上一轮出现的结果是越兼并总产能越多，这与兼并重组的目的显然南辕北辙。

四、改革中的问题

1. 改革深水区

国企存在布局不合理、股权结构单一、产业链条短、管理粗放、行政色彩突出、官本位浓厚等一系列顽疾。国企体量庞大，二、三级单位数量众多，利益群体固定，改革难度大。

国企本应与其他企业一样，作为真正的市场主体去参与市场竞争，但目前看来市场化程度不高。究其原因，国企大多位于垄断行业，坐拥国家资源，没有竞争压力。比如，电力建设公司和电力投资公司中，很多发电企业既搞电厂、又搞电力设备制造、还搞电力建设，规模都不大，自成体系，内部循环。

2. 监管与活力的关系

处理好国有企业激发活力与加强监管相结合的关系问题，这是国企改革中的关键点。监管太严自然会失去活力，放任不管则会天下大乱。活力是国有企业做强做优做大的动力源，也是国有企业提高效率、提高竞争力的生成基；监管是防止国有资产流失的防护网，也是当前国有企业改革发展过程中的重要保障。所以，我们在改革过程中要始终注意激发活力和加强监管二者有机结合，不可偏废。

五、国企的功能分类和改革路径

1. 功能分类

对国有企业分类，主要目的就是解决过去的国企包括央企战略定位不清、考核针对性不强也不尽科学的问题。国有企业分为商业类和公益类，这两类企业的共同点是，国有企业首先是企业，都是独立的市场主体，要融入市场经济，都要遵循市场经济规律和企业发展规律，都要服务于国家的发展战略，要实现经济效益和社会效益的统一。

两类的不同点在于：从发展的角度看，商业类的国有企业重点要实现国有资产的保值增值，公益类企业重点是要提供公共产品和服务。从改革要求的角度看，商业类的国有企业可以是独资，也可以是控股，也可以是参股。公益类的国有企业主要是国有独资。从考核的标准来看，商业类的国有企业重点要考核经营业绩的完成情况，公益类的国有企业重点要考核提供的公共产品和服务的保障能力。

2. 改革路径

（1）明确界定国有经济布局领域，对国有企业进行分类管理；

（2）改革管理体制，明确企业所有者、决策者、管理者的权责定位；

（3）完善法人治理结构，适度开放产权，建立竞争性市场体系；

（4）推进职业经理人制度，创新国有企业选人用人机制；

（5）改革收入分配制度，将经营管理者自身利益与企业效益结合起来；

（6）在具备条件的企业开展混合所有制改革，加快国企转型升级。

六、国企改制中律师提供法律服务的方式

国企改制作为改革过程中普遍需要律师参与的工作之一，对律师的需求量越来越大。律师事务所根据客户的实际需要和双方的约定，可以以不同的方式提供法律服务。不同的服务方式，律师投入的精力和介入的程度不同，服务的内容和承担的责任有别，相应地，收取的服务费用也不同。最常用的服务方式如下：

1. 主协调式律师

在这种服务方式之下，律师全程参与企业改制过程，在委托人的配合下全面主导改制工作组的活动，协调各中介机构的活动。这种服务方式具体包括但不限于以下内容：

（1）从实体和程序的不同角度为改制方案的设计和具体操作把关，确保整个改制进程遵循国家颁布的改制法规和政策，不偏离法治轨道。

（2）在国家有关改制的法规和政策框架内设计合法的、兼顾各方利益又具有较强操作性的改制方案。在“依法改制”的原则指引下，设计出兼顾国家、经营者团队、普通职工、投资者等各方利益的综合改制方案。

（3）指导改制企业对改制方案的操作实施，随时协助处理改制操作中的各种疑难、复杂问题。改制方案的具体操作中，尤其是在国有资产的处置和职工的身份置换补偿与安置过程中，需要参考和引用的法规和政策之间前后可能不尽一致，不同主体之间的情况千差万别，这就需要专业人士对此作出准确判断并提供切实可行的指导。

（4）依法处置改制企业占有的国有资产，确保企业改制过程中国有资产不人为流失。经办律师将协调其他中介机构做好财务审计、资产评估、产权交易等工作，在尽职调查的基础上依法对改制单位的产权界定、国有资产处置出具相关的法律意见书。

（5）通过法律文本（主要是“关联交易”方面的协议）定位好改制企业与主业之间的关系：既考虑到辅业的现实情况，给予其必要的扶持，又要推动辅业走向市场，与其他市场主体展开公平竞争，并积极开拓主业之外的外部市场。

（6）通过设计法律文本对改制企业的债权、债务进行确认，确保改制过程中债权、债务的稳定性。通过起草并签订债务人的承诺书、双方或多方协议等形式对相关的债权、债务进行确认，对债务的清偿或债权的继受作出切实可行的安排。

（7）通过设计法律文本对企业改制过程中职工身份置换补偿与安置、劳动关系变化进行确认。经办律师指导原国有企业或主体企业与职工解除劳动合同关系（包含身份置换补偿与安置内容）、改制企业与职工签订新的劳动合同、改制后职工的社会保险的接续等工作。在主辅分离的情况下，可以使辅业改制分流安置富余人员的法律效果得以确定，从而达到精干主业的目标。

（8）协助改制企业的国有产权持有人或上级单位挑选战略投资者并与投资者进行协商谈判，协助起草《投资协议》或《投资备忘录》。

（9）依据《全民所有制工业企业法》、《公司法》、《国有资产监督管理暂行条例》、《国有产权登记管理办法》、《关于规范国有企业改制工作的意见》、《关于国有大中型企业主辅分离辅业改制分流安置富余人员的实施办法》（国经贸企改〔2002〕859 号）及相关配套文件等法律、法规及政策的相关规定，指导改制企业进行改制过程中和改制后的相关上报审批、登记事项（如土地使用权、工业产权、国有产权），指导改制企业完成对原企业的注销、变更或新企业的设立，指导新企业制定公司章程和构建法人治理结构。

（10）全面指导关破企业的破产清算，并指导关破企业职工利用有效资产重组创办法人经济实体，自主创业。

（11）根据企业办社会单位的行业性质，协助改制企业同当地或上级财政部门、地方政府对口的主管部门交涉，推动分离企业办社会单位的工作。

（12）在主业、辅业单位基本完成改制后，协助改制企业的上级主管部门或国有产权持有人对改制单位的各项改制工作进行验收，并在验收的基础上出具综合性的改制评估报告。

2. 参与式律师

在这种服务方式下，律师仅仅作为中介机构之一加入改制工作组，在委托人的要求下部分参与改制活动，服务内容一般局限于法律事务。服务内容一般包括：与其他中介机构协作共同进行尽职调查；就改制中所涉法律事务出具法律意见或提供咨询意见；制作劳动关系变更、产权转让所需的法律文本；理顺企业改制前后的债权、债务关系的承继等。

3. 顾问式咨询律师

在这种服务方式之下，律师并不参与改制工作组，仅就改制工作组在操作改制过程中遇到的疑难问题提供有针对性的咨询与解答。因为这种服务方式是律师参与程度最小的方式，律师没有发挥其应有的作用，也不会承担相应的责任，已经越来越不适应现实需要，因此，实践中很少采用这一方式。

改制企业或改制企业的国有产权持有单位应结合改制企业的具体情况和改制所涉及问题的疑难、复杂程度，同律师事务所充分协商后确定律师事务所的服务方式。

七、结语

国企改革任重道远，国企发展使命光荣。国企改革是一项非常复杂的系统工程，只有持之以恒，久久为功，才会取得成效。

国企改革热潮中，如何将职工安置工作做到合法合规

国企改制与产权交易专业组　许玮律师

一、背景

第十二届全国人大第五次会议在北京召开，国务院总理李克强作政府工作报告。报告中明确指出："要加快推进国企改革；要以提高核心竞争力和资源配置效率为目标，形成有效制衡的公司法人治理结构、灵活高效的市场化经营机制。今年要基本完成公司制改革，深化混合所有制改革，持续推进国有企业瘦身健体、提质增效，解决历史遗留问题。"

在该会议举行的记者会上，国务院国资委负责人介绍了国企改革的总体思路：一要聚焦重点领域搞重组，加快推进煤电、重型装备等行业的重组整合；二要探索有效的重组方式。但在改革过程中要优先考虑职工安置，通过内退转岗、劳务外包以及解除劳动合同等方式，对企业员工进行妥善安置。

二、如何妥善进行职工安置?

本文从职工安置方案、劳动关系处理、经济补偿计算等几个方面来阐述如何妥善进行职工安置，使得企业在改制过程中所进行的职工安置合法化，并最大限度地维护员工的合法权益，避免因安置不合理而出现员工不

满引发的社会群体性事件。

（一）职工安置方案

1. 方案制订

《国务院办公厅转发国资委关于进一步规范国有企业改制工作实施意见的通知》（以下简称《进一步规范国有企业改制工作实施意见》）中规定，国有企业实施改制前，原企业应当与投资者就职工安置费用、劳动关系接续等问题明确相关责任，并制订职工安置方案。其主要内容包括：企业的人员状况及分流安置意见；职工劳动合同的变更、解除及重新签订办法；解除劳动合同职工的经济补偿金支付办法；社会保险关系接续；拖欠职工的工资等债务和企业欠缴的社会保险费处理办法等。

2. 方案通过及宣讲

《国务院办公厅转发国务院国有资产监督管理委员会关于规范国有企业改制工作意见的通知》中规定，职工安置方案需经企业职工代表大会或职工大会审议通过后方可实施改制。

改制方案必须按照有关规定和程序及时向广大职工群众公布。应当向广大职工群众讲清楚国家关于国有企业改革的方针政策和改制的规定，讲清楚改制的必要性、紧迫性以及企业的发展思路。在改制方案制订过程中要充分听取职工群众意见，深入细致地做好思想工作，争取广大职工群众对改制的理解和支持。

3. 材料保管及方案备案

《进一步规范国有企业改制工作实施意见》中规定：

（1）负责批准改制方案的单位必须就职工安置工作中涉及的重要资料，建立规范的档案管理制度。改制企业的国有产权持有单位要妥善保管相关资料，做到有案可查。

（2）中央企业及其直接和间接投资的企业进行改制，凡涉及职工分流安置的，在实施改制前要将改制方案包括职工安置方案抄送改制企业所在地国有资产监管机构。

（二）劳动关系处理

1. 分流到国有法人绝对控股改制企业的职工

劳动合同继续履行：与原主体企业解除劳动合同，与改制后企业签订劳动合同，由改制后企业继续履行原劳动合同约定的权利及义务。

合同履行期限：合同履行期限由企业与员工进行协商，无法协商一致时，继续履行原劳动合同中的剩余期限；剩余期限少于三年的，延长至三年；员工提出签订无固定期限的劳动合同的，对于符合条件的员工，用人单位应当与之签订无固定期限的劳动合同。

工作年限合并计算：用工主体由原主体企业变更为改制企业，企业改制前后职工的工作年限合并计算。

2. 分流到非国有法人控股改制企业的职工

劳动合同解除及补偿金支付：原主体企业要依法与其解除劳动合同，并支付经济补偿金；职工个人所得经济补偿金，可在自愿的基础上转为改制企业的等价股权或债权。

合同履行期限：劳动合同期限由改制企业与劳动者协商确定，期限不少于三年。

（三）经济补偿计算

1. 计算标准

（1）工作年限：

根据劳动者在本单位工作年限，每满一年发给相当于一个月工资的经济补偿金，最多不超过十二个月；工作时间不满一年的按一年的标准发给经济补偿金；对从其他国有单位调入本单位的职工，其在国有单位的工龄可计入本单位工作年限。

（2）工资薪金：

按照企业正常生产情况下劳动者解除合同前十二个月的月平均工资为基础计发；职工月平均工资低于企业月平均工资的，按企业月平均工资计发；职工月平均工资超过企业月平均工资3倍以上的，按不高于企业月平均工资的3倍标准计发。

2. 经济补偿金支付

（1）一次性发放

经济补偿金由用人单位一次性发给员工。

（2）款项来源

可用国有净资产支付经济补偿金，由此造成的账面国有资产减少，按规定报批后冲减国有资本。

改制企业的国有净资产按规定进行支付的不足部分，由原主体企业补足；剩余部分向改制企业的员工或外部投资者出售，也可采取租赁、入股或转为债权等方式留在改制企业。

国有企业严格按照法律规定程序制订员工安置方案，并最大化维护好改制企业员工的合法权益，只有这样，国企的改制工作才能顺利进行，国企的社会责任才能够充分体现。

国有上市公司股权激励

——哪些企业和员工符合激励条件

国企改制与产权交易专业组　许玮律师

为实现股权结构多元化改制，吸引及留住优秀人才，提高国有企业的市场竞争力，上海国际港务（集团）股份有限公司、安泰科技股份有限公司等国有上市公司先后实施了股权激励，使得优秀员工共同分享企业成长利益，取得了良好效果。根据《国有科技型企业股权和分红激励暂行办法》，下文对实施股权激励的国有上市公司应符合的条件和哪些员工可以被授予激励股权进行简单总结。

一、实施股权激励的国有上市公司应符合的条件

1. 支持性条件

（1）治理结构上：股东大会、董事会、经理层职责明确，在董事会组成人员中，外部董事的人数占一半以上；薪酬委员会由外部董事构成。

（2）财务状况上：公司有良好的财务状况、稳健的经营业绩，最近三年无违规违法记录。

（3）发展战略上：公司有明确的发展战略。

（4）公司制度上：公司有规范的基础管理制度、完善的内控制度、市场化的劳动人事分配制度、劳动用工制度、有效的绩效考核体系。

2. 限制性条件

（1）财务会计报告：若注册会计师最近一个会计年度出具过否定意见或者无法表示意见的审计报告，则该企业不可实施股权激励。

（2）内部控制：若注册会计师最近一个会计年度针对该企业财务报告内部控制发表过否定意见或无法表示意见，则该企业不可实施股权激励。

（3）利润分配违规：若公司上市后最近36个月内出现利润分配违规的情形，则该企业不可实施股权激励。

3. 针对高新技术类企业的特殊条件

高新技术类企业要实施股权激励，要求以高新技术为主业，且该主业利润总额占企业利润总额的一半以上。高新技术类企业最近三年的国有净资产增值较快，技术和管理这两项生产要素对国有净资产的增值具有显著作用。

二、员工被授予激励股权的条件

1. 确立激励对象的依据

国有上市公司在确定股权激励的员工范围时，要充分考虑该员工所处的职务、为企业服务的年限、业绩贡献、前景、管理员工的范围、职业稀缺程度、影响力等要素，确定各要素的权重，对多个因素进行加权评分，按照评分高低筛选出股权激励的员工范围。

2. 可以成为激励对象的员工范围

（1）国有上市公司董事、高级管理人员、对公司整体业绩和持续发展有直接影响的核心技术人员和核心业务人员。上述高级管理人员包括：经理、副经理、董事会秘书、财务负责人及公司章程认定的其他高级管理人员。

（2）若担任上述职务的人员为外籍人员，只要其在境内工作，可以将其列入股权激励的范围。

(3) 国有上市公司母公司的负责人在国有上市公司担任职务的，可以被列入股权激励的范围。

(4) 若实施股权激励的企业属于中关村国家自主创新示范区企业，其激励对象可以是在本企业连续工作超过三年的下述人员：重大开发项目的负责人、关键科技成果的主要完成人、核心技术及主导产品的主要技术成员、主持企业全面生产经营的高级管理人员、负责企业的主要产品合计占主营业务收入一半以上的中高级经营管理者。

(5) 如果股权激励的对象不是国有上市公司的董事、高管、核心业务人员、核心技术人员的，国有上市公司在股权激励计划中应仔细分析其与国有上市公司的业绩或者业务方面的关联关系大小，进一步阐述将其作为股权激励对象的合理性。此做法的目的是防止国有企业高层领导通过股权激励的方式进行利益输送，造成国有资产的流失。

3. 不能成为激励对象的员工范围

(1) 国有上市公司独立董事。

(2) 由国有上市公司母公司以外的人员担任的外部董事。

(3) 国有上市公司监事。由于国有上市公司监事会的职责之一是核实股权激励对象的名单，并在股东大会上说明其关于股权激励名单的核实情况，为确保其职责的独立性，使监事会充分发挥监督作用，因此国有上市公司监事不得成为股权激励的对象。

(4) 已参加其他上市公司股权激励计划的员工。按照规定，股权激励对象不能同时参与两个及以上的股权激励计划。

(5) 未在国有上市公司任职，未与国有上市公司（包括其母公司的员工）签署劳动合同的员工。

(6) 最近一年内被证券交易所、中国证监会或其派出机构公开为不适当人选；最近一年内因重大违法违规行为被中国证监会及派出机构予以行政处罚或采取措施的人员。

（7）在股权授予日，任何持有上市公司5%以上有表决权的股份的人员，未经股东大会批准，不得参加股权激励计划。

（8）根据《公司法》规定不得担任公司董事、监事、高管的人员亦不得参与股权激励计划。

三、小结

本文对实施股权激励的国有上市公司应符合的条件以及国有上市公司中哪些员工有资格参与股权激励计划进行了简单论述。国有上市公司股权激励计划旨在建立激励约束长效机制，激发国有企业活力，提高国有企业的核心竞争力，增强企业优秀员工的归属感、认同感，对于非常依赖优秀人才的高新技术企业尤为重要。

八

境外投资

八

“一带一路”倡议好，境外投资要知道

——简要分析“对外直接投资”

境外投资专业组　张金金律师

“一带一路”倡议从规划期进入实效期阶段。那么，“一带一路”倡议到底会对境外投资带来哪些影响？律师又需要从中提供哪些法律服务？本文将以境外投资中最为常见的“对外直接投资”为出发点作简要分析。

一、境外投资相关概念介绍

1. 境外投资

依据发改委令 2014 年第 3 号《境外投资管理办法》，“境外投资”是指在中华人民共和国境内依法设立的企业通过新设、并购及其他方式在境外拥有非金融企业或取得既有非金融企业所有权、控制权、经营管理权及其他权益的行为。

依据国家发展和改革委员会令第 9 号《境外投资项目核准和备案管理办法》，境外投资项目是指“投资主体通过投入货币、有价证券、实物、知识产权或技术、股权、债权等资产和权益或提供担保，获得境外所有权、经营管理权及其他相关权益的活动”。

2. 对外直接投资

根据 2016 年 12 月商务部、国家统计局、国家外汇管理局（以下简称外汇局）联合发布的《对外直接投资统计制度》，“对外直接投资”是指我国境内投资者以现金、实物、无形资产等方式在国外及港澳台地区设立、参股、兼并、收购国（境）外企业，拥有该企业10%或以上的股权，并以拥有或控制企业的经营管理权为核心的经济活动。

二、境外投资业务监管机制

境外投资实行核准制和备案制。商务部、省级商务主管部门和发改委负责对境外投资实施管理和监督。

（1）核准制：根据《国家发展改革委关于修改〈境外投资项目核准和备案管理办法〉和〈外商投资项目核准和备案管理办法〉有关条款的决定（2014）》［发改委令（第20号）］，涉及敏感国家和地区、敏感行业的境外投资项目，由发改委核准。其中，中方投资额20亿美元及以上的，由发改委提出审核意见报国务院核准。

（2）备案制：除上述情形外，其他对外投资事项实行备案管理。中央管理企业实施的境外投资项目、地方企业实施的中方投资额3亿美元及以上境外投资项目，由发改委备案；地方企业实施的中方投资额3亿美元以下境外投资项目，由各省、自治区、直辖市及计划单列市和新疆生产建设兵团等省级政府投资主管部门备案。

三、境外投资的主要方式

境外投资主要有以下几种投资方式：

（1）建设类投资，基础设施建设即初始投资、改扩建项目的再投资；

（2）对外直接投资（即权益类投资），如海外上市、收购、股权资产并购、参股、增资扩股；

（3）贸易类投资，如开展国际贸易；

（4）担保类投资，如境内公司为境外子公司发债提供担保。

四、对外直接投资统计制度

根据《对外直接投资统计制度》，境外直接投资活动需要定期向主管部门进行汇报。具体来说，境内投资者需要按年度报表和月度报表的方式向商务部、国家统计局、外汇局汇报对外直接投资情况。

境内投资者汇报境外直接投资的路径为：

序号	境内投资者类型	报送部门
1	中央企业、单位	商务部
2	金融企业	外汇局
3	其他	当地商务部

注 1：金融企业包括银行、保险公司、证券公司、基金公司、信托公司、财务公司等。
注 2：各省级商务主管部门、外汇局汇总本行政区域内（不包括中央企业）或本领域内投资者的统计资料并上报商务部。
注 3：境内投资者对外直接投资涉及的所有境外企业均按表中所述渠道报送。

五、"一带一路"倡议

2013 年 9 月和 10 月，中国国家主席习近平在出访中亚和东南亚国家期间，先后提出共建"丝绸之路经济带"和"21 世纪海上丝绸之路"（以下简称"一带一路"）的重大倡议，得到国际社会高度关注。中国国务院总理李克强参加 2013 年中国—东盟博览会时强调，铺就面向东盟的海上丝绸之路，打造带动腹地发展的战略支点。

发改委、外交部、商务部于 2015 年 3 月 28 日联合发布了《推动共建丝绸之路经济带和 21 世纪海上丝绸之路的愿景与行动》，作为"一带一路"倡议的依据性文件。

1. "一带一路"倡议下的重点发展领域

基础设施互联互通是"一带一路"建设的优先领域。具体包括交通基础设施建设、口岸基础设施建设和能源基础设施建设。

投资贸易合作是“一带一路”建设的重点内容。贸易合作涉及的范围包括自由贸易区的建设、边境口岸通关建设、跨境电子商务等。

资金融通是“一带一路”建设的重要支撑。根据该政策，未来会扩大沿线国家双边本币互换、结算的范围和规模。推动亚洲债券市场的开放和发展。共同推进亚洲基础设施投资银行、金砖国家开发银行筹建，有关各方就建立上海合作组织融资机构开展磋商，加快丝路基金组建运营，深化中国—东盟银行联合体、上合组织银行联合体务实合作，以银团贷款、银行授信等方式开展多边金融合作。支持沿线国家政府和信用等级较高的企业以及金融机构在中国境内发行人民币债券。符合条件的中国境内金融机构和企业可以在境外发行人民币债券和外币债券，鼓励在沿线国家使用所筹资金。

2. “一带一路”倡议下的重点建设地域

新疆维吾尔自治区：利用其区位优势和向西开放重要窗口作用，深化与中亚、南亚、西亚等国家交流合作，形成丝绸之路经济带上重要的交通枢纽、商贸物流和文化科教中心，打造丝绸之路经济带核心区。

宁夏回族自治区：建设宁夏内陆开放型经济试验区，形成面向中亚、南亚、西亚国家的通道、商贸物流枢纽、重要产业和人文交流基地。

自由贸易区：加快推进中国（上海）自由贸易试验区建设，支持福建建设“一带一路”核心区。充分发挥深圳前海、广州南沙、珠海横琴、福建平潭等开放合作区作用，深化与港澳台合作，打造粤港澳大湾区。推进浙江海洋经济发展示范区、福建海峡蓝色经济试验区和舟山群岛新区建设，加大海南国际旅游岛开发开放力度。加强上海、天津、宁波—舟山、广州、深圳、湛江、汕头、青岛、烟台、大连、福州、厦门、泉州、海口、三亚等沿海城市港口建设，强化上海、广州等国际枢纽机场功能。

3. “一带一路”倡议实际成效统计

2016 年，我国企业共对“一带一路”沿线的 53 个国家进行了非金融类直接投资145.3亿美元，主要流向新加坡、印尼、印度、泰国、马来西亚等国家地区。

2017年，商务部指出要推动一批“一带一路”重大项目落地，紧紧围绕着贸易投资、经贸合作下功夫，扩大贸易投资的规模；推动基础设施和产能合作的一批重大项目落地。

另外从资本市场的二级市场来看，根据最新数据显示，“一带一路”板块成为涨幅最大的几个板块之一，自开市以来“一带一路”板块的涨幅高达5%。板块成分股中包含的144家上市公司里，仅有10家公司的股价在这一区间中累计出现跌幅。具体个股如中钢国际、中国建筑、洲际油气、通源石油、开山股份、中国中车、烽火通信、中兴通讯、中矿资源等炙手可热。

“一带一路”概念股正成为投资新方向。

六、律师在对外直接投资中的具体服务内容

在境外投资业务中，律师提供的法律服务内容主要如下：

1. 尽职调查

包括投资目的地国法律、投资政策环境、风俗习惯、宗教信仰、税收、环境保护等多方面的尽职调查，协助、协调对外投资涉及的反垄断申报和国家安全审查、外国投资审查，对投资、并购方案进行法律论证和法律风险评估。

2. 协助把控投资项目的整体及阶段性进展

设计交易结构和协助制定交易流程、时间表，协助投资方整体和阶段性地把控项目的进展；协调和协助管理境外当地的中介机构。

3. 协助设立海外公司、特殊目的公司

对目标公司的投资环境，包括法律、政策、税收等多方面投资因素进

行尽职调查，出具调查报告；协助设立并完善 SPV 组织架构及各项管理制度。

4. 文件起草

对投资项目出具尽调报告、风险评估报告、法律意见书、专项核查报告、投资协议等法律文件。

5. 协助进行商业谈判

协助投资方就项目投资与对方进行磋商、谈判、协调、调解。

6. 法律咨询等

就跨境投资涉及的税务、保险、劳工、合规、知识产权等专项法律问题提供咨询；为政府部门的审批、备案、登记程序提供咨询；不同司法地区法律冲突的解决。

七、结语

随着世界市场的开放程度越来越大，资本的国际交流将会变得更加密切和频繁，境外市场环境复杂，对投资项目所在地国家或地区的法律法规、政治环境、当地的风俗习惯、宗教信仰，环境保护、劳工保护、税收征缴等基本政策制度都需要进行详尽的调查与了解，才能确保项目人员的人身及财产安全，确保项目顺利开展实施，确保投资双方国家互利共赢。因此，跟随国家政策走向，“一带一路”下的境外投资法律服务将拥有广阔的发展前景，让我们拭目以待。

九

资产证券化与结构融资

哪些项目可以站上 PPP 资产证券化的风口

外商投资专业组　刘兵律师

2016 年 12 月，国家发展改革委和中国证监会联合发布了《关于推进传统基础设施领域政府和社会资本合作（PPP）项目资产证券化相关工作的通知》（发改投资〔2016〕2698 号）（以下简称《通知》），文件指出，推动将已建成并正常运营 2 年以上，具有持续经营能力的传统基础设施领域 PPP 项目进行证券化融资。这是监管机构首次针对 PPP 项目资产证券化单独发文，正式开启了 PPP 项目资产证券化的大门。本文拟就 PPP 项目资产证券化的含义、特点及可开展的项目范畴做一些简单探讨。

一、PPP 项目资产证券化的含义

资产证券化，是指将某一单位流动性较差但具有未来相对稳定的可预期现金流收入的资产，通过结构性重组的资产结构安排，对资产中风险与收益要素进行分离与重组，进而转换为可以在金融市场上出售和流通的证券，据以融资（变现）的过程。与传统的证券发行是以企业为基础不同，资产证券化则是以特定的资产池为基础发行证券。在资产证券化中，基础资产有稳定、可预测、可持续的现金流是核心。

PPP（Public－Private Partnership），即“政府和社会资本合作”，根据《关于在公共服务领域推广政府和社会资本合作模式的指导意见》（国办发〔2015〕42 号），“PPP 模式是公共服务供给机制的重大创新，即政府采取竞争性方式择优选择具有投资、运营管理能力的社会资本，双方按照平等协商原则订立合同，明确责权利关系，由社会资本提供公共服务，政府依据公共服务绩效评价结果向社会资本支付相应对价，保证社会资本获得合理收益”。PPP 本质上是通过政府和社会资本之间的合作，以利益共享和风险分担为特征，通过引入市场竞争和激励机制，发挥各方优势，提升公共产品和服务的供给质量和效率。

PPP 项目的资产证券化即由 PPP 项目公司作为发起人（原始权益人），将 PPP 项目下未来可预测的能够产生稳定现金流的基础资产进行组合，形成基础资产包，向构建的特殊目的机构（SPV）进行真实出售，以基础资产产生的现金流在证券市场向投资者发行资产支持证券，将认购资金用于项目公司建设运营。证券发行后，项目公司通过出售基础资产获得现金流、提前实现投资回报变现；而认购证券的投资人，通过 PPP 项目基础资产产生的现金流逐期获得投资收益。

PPP 项目资产证券化，可通过资本市场的市场化方式，提高 PPP 项目资产的流动性，大幅提升项目资金使用效率和社会资本的参与意愿，盘活 PPP 项目存量资产，拓宽 PPP 项目的融资渠道。另外，通过与 PPP 项目的对接，丰富了资产证券化的品种，提升了资本市场支持服务实体经济的能力，并满足了不同风险和收益偏好的投资需求。

二、PPP 项目资产证券化的主要特点

PPP 项目资产证券化与一般类型项目资产证券化的操作模式和流程等并无本质区别，但由于 PPP 模式本身的特点，其资产证券化呈现出如下特点：

（一）受政策影响较大，项目风险较低

PPP 模式自十八届三中全会提出以来，便备受关注。从国务院到各部

委纷纷发文，指导规范 PPP 模式的运作实施。而且 PPP 立法工作正在紧锣密鼓地进行着，PPP 顶层设计势必越发完善，法律保障力度加大，政策约束性更强。同时，根据现有的政策可以看出，PPP 项目资产证券化的保障力度较大。使用者付费的 PPP 项目，因市场化程度较高，因此项目产生的现金流较稳定、收益可持续；政府付费的 PPP 项目，因项目服务的购买费用已经提前纳入财政预算，有政策性文件作为保障，因此项目投资的预期收益较稳定；可行性缺口补助的 PPP 项目，因结合了使用者付费及政府付费的特点，因此项目的现金流也具有稳定、可持续的特点。由此可见，PPP 项目比起一般项目而言，因政府参与、具有政府信用担保的特点，风险相对于一般资产证券化较为可控。

（二）基础资产以收费收益权为主

在交通运输、环境保护、市政工程等领域的 PPP 项目往往涉及特许经营，因此在相关 PPP 项目资产证券化的过程中，项目基础资产与政府特许经营权是紧密联系的。由于我国对特许经营权的受让主体有严格的准入要求，PPP 项目资产证券化中要转移运营管理权比较困难，因此，相较于一般资产证券化将项目整体转移给特殊目的机构，PPP 项目的资产证券化一般是将项目的收费、收益权分离出来作为基础资产进行证券化。

（三）财政补贴可以作为基础资产

财政补贴作为部分 PPP 项目收入的重要来源，因可以产生稳定的、可预测的现金流，符合资产证券化中基础资产的一般规定。2014 年 12 月 24 日，中国证券投资基金业协会发布了《关于发布〈资产支持专项计划备案管理办法〉及配套规则的通知》（中基协函〔2014〕459 号），作为附件的《资产证券化基础资产负面清单》第一条规定：“以地方政府为直接或间接债务人的基础资产（不得作为资产证券化基础资产）。但地方政府按照事先公开的收益约定规则，在政府与社会资本合作模式（PPP）下应当支付或承担的财政补贴除外。”文件正面肯定了，PPP 项目中政府对社会资本支付的费用和补贴款项可以作为资产证券化的基础资产。这一规定为财政补贴作为基础资产进行资产证券化提供了政策支持。

（四）产品期限较长，更受中长期投资者青睐

PPP 项目的经营周期较长，经营期大部分在 10~30 年，原则上不能低于 10 年。而资产证券化产品的存续期限一般不超过 7 年。因此，一般单个资产证券化产品期限难以覆盖单个 PPP 项目的全周期。如果在一期 PPP 项目资产证券化产品期满后，再发行新的资产证券化产品，不仅程序烦琐，也会增加融资成本。PPP 项目具有投资规模大、期限长、收益稳定等特点，与中长期机构投资者的需求相匹配，在设计 PPP 项目资产证券化产品时，应引入中长期机构投资者，鼓励保险资金、社保基金、养老金、住房公积金等机构投资者参与 PPP 项目资产证券化产品投资，与 PPP 项目周期相匹配。

三、可实施资产证券化的 PPP 项目分析

2016 年 5 月 13 日，证监会发布了《资产证券化监管问答（一）》①，根据该文件，能够进行资产证券化的 PPP 项目“原则上需为纳入财政部 PPP 示范项目名单、国家发展改革委 PPP 推介项目库或财政部公布的 PPP 项目库的项目”。但是，根据 2016 年 12 月，国家发展改革委和中国证监会联合发布的《通知》，各省级发改委扮演合格 PPP 项目的筛选方，推动符合条件的 PPP 项目进行资产证券化的标准为：（1）项目已严格履行审批、核准、备案手续和实施方案审查审批程序，并签订规范有效的 PPP 项目合同，政府、社会资本及项目各参与方合作顺畅；（2）项目工程建设质量符合相

① 该文件于 2016 年 5 月 13 日发布于中国证券监督管理委员会官网，网址：http：//www.csrc.gov.cn/pub/newsite/gszqjgb/zcfggszq/zqbjgwd/201605/t20160513_ 297243.html。

关标准，能持续安全稳定运营，项目履约能力较强；（3）项目已建成并正常运营2年以上，已建立合理的投资回报机制，并已产生持续、稳定的现金流；（4）原始权益人信用稳健，内部控制制度健全，具有持续经营能力，最近三年未发生重大违约或虚假信息披露，无不良信用记录。

笔者认为，因PPP项目发展的历史原因，2014年以前实施的传统特许经营项目和2014年以后实施的PPP项目满足“项目已建成并正常运营2年以上”条件的，均可纳入可实施资产证券化项目的范围。另外，如为存量资产类的TOT项目，其实施PPP之前的运营周期也应计入“正常运营2年以上”的期间。

不良资产如何证券化

——以小微不良贷款为例解析不良资产证券化中的法律风险

资产证券化与结构融资专业组　刘易律师

摘要：资产证券化不仅是一种融资工具，更是一种金融机制和创新路径，可以降低债务杠杆，改变传统盈利模式，提高综合化经营业务收入，实现经营模式的创新和促进产业升级。[①] 不良资产的证券化有助于消化银行的不良资产，拓宽不良资产的处置渠道，将银行体系内的不良资产，转移给有风险承受能力的投资者，给不同风险偏好的投资者带来新的投资选择。本文从相关概念着手，主要通过招商银行发行的小微不良贷款类资产证券化的发行案例——和萃二期的发行情况，详细分析其中涉及的法律风险，并试图从法律角度总结此类不良资产证券化需要注意的法律风险。

一、相关概念

（一）资产证券化

根据中国证券监督管理委员会于2014年11月19日发布的《证券公司及基金管理公司子公司资产证券化业务管理规定》（中国证券监督管理委员会公告〔2014〕49号）第二条的规定，资产证券化业务，是指以基础资产所产生的现金流为偿付支持，通过结构化等方式进行信用增级，在此基

① 林华：《中国资产证券化操作手册》（第二版），中信出版社2016年版。

础上发行资产支持证券的业务活动。

资产证券化与传统金融手段的区别是，资产池产生的现金流能够产生的证券信用甚至可以高过公司信用本身或者公司有担保的债务信用，这就为不良资产的证券化提供了可能。证券化即提高资产货币性的过程，是一种结构化金融形式。结构化根据股票机清算银行（BIS）2005 年的一份报告，其三个关键特征为：（1）资产汇集（基于现金流的资产或合成创造的资产）；（2）由资产池支持的负债结构化分级；（3）将资产证券池信用风险与发起人信用风险隔离，通常是通过有限存续和独立的特殊目的载体（SPV）实现的[①]。证券化交易的最终结果是公司能够出售资产而不是通过借款来获得资金。

（二）不良资产证券化

根据中国银行间市场交易商协会于 2016 年 4 月 19 日发布的《不良贷款资产支持证券信息披露指引（试行）》（中国银行间市场交易商协会公告〔2016〕10 号）第二条的规定，不良贷款资产支持证券，是指在中国境内，银行业金融机构及其他经监管部门认定的金融机构作为发起机构，将不良贷款信托给受托机构，由受托机构以资产支持证券的形式向投资机构发行受益证券，以该不良贷款所产生的现金支付资产支持证券收益的证券化融资工具。

根据该定义，简言之，不良资产证券化就是基础资产为不良贷款的资产证券化。

根据中国人民银行于 2002 年印发的《银行贷款损失准备计提指引》（银发〔2002〕98 号），人民银行决定自 2002 年起我国商业银行全面推行贷款五级分类管理，分别为正常类、关注类、次级类、可疑类和损失类，其中后三类被划分为不良贷款。根据中国银行业监督管理委员会于 2007 年

① ［美］弗兰克·J. 法博齐、维诺德·课塞瑞：《资产证券化导论》，宋光辉、刘璟、朱开屿译，机械工程出版社 2014 年版，第 3 页。

7月3日印发的《贷款风险分类指引》（银监发〔2007〕54号）第五条的规定，次级不良贷款是指借款人的还款能力出现明显问题，完全依靠其正常营业收入无法足额偿还贷款本息，即使执行担保，也可能会造成一定损失；可疑类不良贷款是指借款人无法足额偿还贷款本息，即使执行担保，也肯定要造成较大损失；而损失类不良贷款是指在采取所有可能的措施或一切必要的法律程序之后，本息仍然无法收回，或只能收回极少部分。

二、我国不良资产证券化的发行情况

根据中债资信资产证券化信息服务平台①发布的《2017年银行间信贷ABS市场运行报告》，2017年我国总共发行19单不良贷款资产证券化产品，发行规模达到129.61亿，处置不良资产本息总额达到494.13亿元。涉及的不良资产的范围比较广泛，主要分为4类：对公类不良贷款、个人经营不良贷款（包含小微不良贷款）、个人住房不良贷款和个人消费不良贷款（包含信用卡不良贷款），其中个贷类不良资产支持证券，累计处置银行个贷类信贷不良资产436.83亿元，占总不良资产证券化处置金额的88.40%。

就发行机构而言，2016年2月14日，中国人民银行、发展改革委、工信部、财政部、商务部、银监会、证监会、保监会八部委印发《关于金融支持工业稳增长调结构增效益的若干意见》，提出稳步推进资产证券化发展，进一步推进信贷资产证券化，选择符合条件的金融机构探索开展不良资产证券化试点；2016年2月25日，中国工商银行、中国农业银行、中国银行、中国建设银行、中国交通银行以及招商银行共6家银行获得首批不良资产证券化试点资格；2017年新增第二批试点银行12家，范围扩至政策性银行、股份制商业银行、城市商业银行。

---

① 本报告于2018年1月4日发布于中债资信资产证券化信息服务平台，网址：https：//www.chinaratings.com.cn/CreditResearch/Industry/TopicReport/119612.html，最后访问日期：2018年2月19日。

三、小微不良贷款之案例分享——以和萃二期为例

（一）项目主要参与方

发起机构/服务商	招商银行股份有限公司
受托机构	华润深国投信托有限公司
资金保管机构	上海浦东发展银行股份有限公司深圳分行
主承销商	招商证券股份有限公司
登记机构/支付代理机构	中央国债登记结算有限公司
信用评级机构	中诚信国际信用评级有限责任公司
	中债资信评估有限责任公司
资产评估机构	深圳市世联资产评估有限公司

（二）项目交易结构

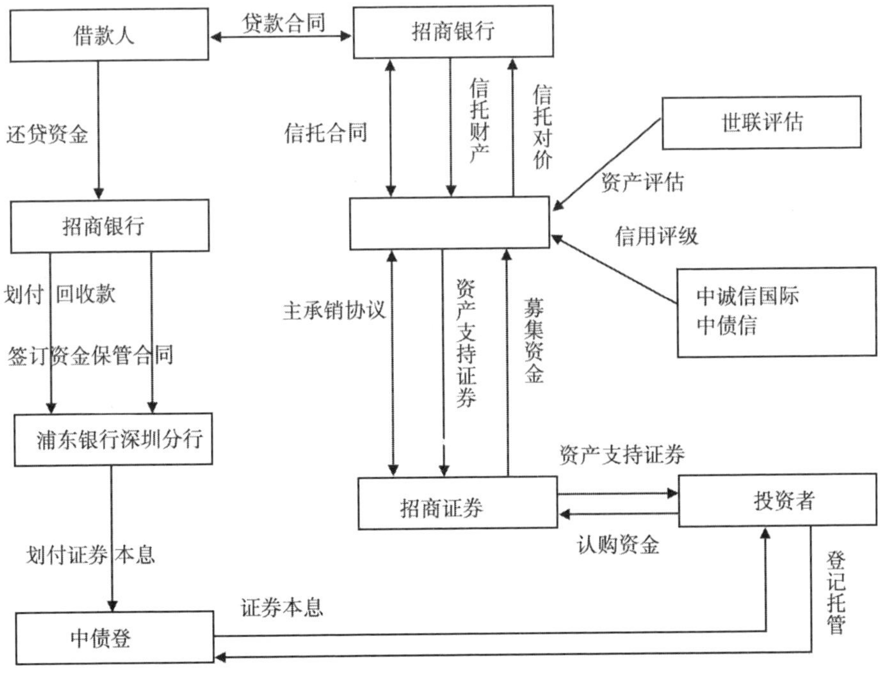

（三）项目涉及的法律风险

根据和萃二期披露的发行说明书，中伦律师事务所作为本次不良资产证券化的法律中介机构，对和萃二期涉及的法律风险进行了说明和披露，共总结出了14类法律问题，分别为：（1）因催收缺少书面文件或债务人、保证人未签收，或签收后银行未留存或没有催收回执，而可能导致的超过诉讼时效或担保期间的风险；（2）因抵押房产为抵押人的唯一住房，且尚不能被认定为《最高人民法院关于人民法院办理执行异议和复议案件若干问题的规定》第二十条规定①的三种情形之一，而可能导致的影响抵押房产的强制执行的风险；（3）因只单独办理房屋抵押登记，而可能导致的土地使用权被抵押给其他债权人或被其他债权人申请查封的风险；（4）因以国有划拨土地使用权上的房屋进行抵押，但仅办理了房屋抵押登记，未办理土地使用权的抵押登记，而可能导致的房屋抵押权被认定为无效的风险；（5）因尚未办理完房屋抵押登记手续，而可能导致的债权人无法直接请求执行并对抵押房屋优先受偿的风险；（6）因夫妻一方以双方共有房屋提供抵押，且无法证明抵押人的配偶对此知道或者应当知道的，而可能导致的相应抵押权被认定为无效的风险；（7）因抵押房产存在“先租后押”的情形，而可能导致的抵押权不能对抗租赁权的风险，此外，因承租人享有优先购买权，而可能导致的司法拍卖、变卖的阻力增大，抵押权的实现受到影响，或降低抵押物价值的风险；（8）因最高额抵押的主债权尚未确定就

---

①《最高人民法院关于人民法院办理执行异议和复议案件若干问题的规定》第二十条第一款规定：“金钱债权执行中，符合下列情形之一，被执行人以执行标的系本人及所扶养家属维持生活必需的居住房屋为由提出异议的，人民法院不予支持：（一）对被执行人有扶养义务的人名下有其他能够维持生活必需的居住房屋的；（二）执行依据生效后，被执行人为逃避债务转让其名下其他房屋的；（三）申请执行人按照当地廉租住房保障面积标准为被执行人及所扶养家属提供居住房屋，或者同意参照当地房屋租赁市场平均租金标准从该房屋的变价款中扣除五至八年租金的。”

转让给受托机构，依据《担保法司法解释》第八十三条[①]、《物权法》第二百零四条，可能导致的债权不得转让的风险；（9）因最高额保证的主债权尚未确定就转让给受托机构，可能导致的特定债权是否享有最高额保证存在不确定的风险；（10）因债权人在最高额抵押的财产被查封后发放贷款，而可能导致的在被查封后发放的贷款不被认定为该最高额抵押所担保的主债权的风险[②]；（11）因抵押财产被其他债权人首先查封，而可能导致的抵押财产的处置受限于其他在先查封执行程序的进展，从而延长最终债权实现的风险；（12）因抵押财产尚未查封或查封有瑕疵，可能导致的担保资产被其他债权人首先诉请查封，从而影响债权人权利的最终实现的风险；（13）因担保人未就提供担保事宜取得内部决议批准，从而可能导致的担保行为被认定为无效的风险；（14）因以存款提供的金钱质押存在瑕疵（约定的金钱质押未特定化，或未办理金钱质押所需转移占有手续或受债权人控制的约定），而可能导致的质押未设立或根据债权人划扣偿还债务的事实，而导致的金钱质押项下的权利消灭的风险。

（四）评价与分析

资产证券化的核心是通过真实出售以实现风险隔离，为实现此目的，通常是由项目发起人与特殊目的机构（SPV）成立买卖法律关系或信托法律关系来实现项目或项目收益权的转移。因此，在不良贷款资产证券化过

---

① 《最高人民法院关于适用〈中华人民共和国担保法〉若干问题的解释》第八十三条第一款规定："最高额抵押权所担保的不特定债权，在特定后，债权已届清偿期的，最高额抵押权人可以根据普通抵押权的规定行使其抵押权。"该条作为对《担保法》第六十一条的解释（《担保法》第六十一条规定："最高额抵押的主合同债权不得转让。"），规定最高额抵押权所担保的不特定债权在特定后，可以按照普通抵押权进行转让。

《物权法》第二百零四条规定："最高额抵押担保的债权确定前，部分债权转让的，最高额抵押权不得转让，但当事人另有约定的除外。"

② 《最高人民法院关于适用〈中华人民共和国担保法〉若干问题的解释》第八十一条规定："最高额抵押权所担保的债权范围，不包括抵押物因财产保全或者执行程序被查封后或债务人、抵押人破产后发生的债权。"

程中，律师通常重点关注标的债权资产所对应的债权是否为债权人合法持有，以及标的债权资产是否可以作为信托财产被依法转让。根据和萃二期的发行说明书，小微贷款类的不良资产证券化，相较于对公类不良资产对保证人和回收人的还款来源和能力的考虑，更注重于抵押物的合法设立以及变现能力。就合法设立而言，需要关注抵押财产在设立时，债权行为是否无效或存在瑕疵，而导致抵押权存在权利纠纷或存在其他影响抵押权设立的情形；另外，抵押权作为担保物权的一种，还需要考察是否存在因物权行为违法或存在瑕疵，如未办理登记手续或抵押登记手续不完备，而导致不发生物权变动效力的风险。就抵押财产的变现方面，需要重点关注，抵押财产是否存在在先债权人或被其他债权人首先查封，或是存在抵押权和租赁权并存的事实，以及债权人是否怠于行使自己的时效权利或催收行为存在瑕疵等情况，而影响抵押财产的实现。

四、结语

我国资产证券化发展的历程并不长，不良资产的证券化也是近三年才得到了快速发展。2017 年人民银行在原有 6 家试点银行的基础上又扩容了 12 家试点金融机构，这一举措对于探索资产证券化产品种类的创新性和交易结构的多样性存在着积极意义，在政策积极的引导下，不良资产证券化对于缓解金融机构的坏账压力以及丰富我国金融产品的种类和鼓励我国金融市场的活跃发展具有重要的意义。鉴于我国不良资产证券化业务尚未发展成熟，法律中介结构更应该发挥积极作用，勤勉尽责发现其中的法律风险，为不良资产证券化业务的发展提供优质服务。

图书在版编目（CIP）数据

资本市场实务精要与疑难解析/ 北京恒都律师事务所编. —北京：中国法制出版社，2019. 1
（实务精要与疑难解析系列）
ISBN 978 -7 -5093 -9821 -0

Ⅰ. ①资… Ⅱ. ①北… Ⅲ. ①资本市场 - 金融法 - 研究 - 中国 Ⅳ. ①D922. 280. 4

中国版本图书馆 CIP 数据核字（2018）第 234152 号

策划/责任编辑：韩璐玮（hanluwei666@ 163. com） 封面设计：周黎明

资本市场实务精要与疑难解析

ZIBEN SHICHANG SHIWU JINGYAO YU YINAN JIEXI

编者/北京恒都律师事务所
经销/新华书店
印刷/三河市国英印务有限公司
开本/710 毫米×1000 毫米 16 开 印张/ 15 字数/ 131 千
版次/2019 年 1 月第 1 版 2019 年 1 月第 1 次印刷

中国法制出版社出版
书号 ISBN 978 -7 -5093 -9821 -0 定价：59. 00 元

北京西单横二条 2 号
邮政编码 100031 传真：010 -66031119
网址：http：//www. zgfzs. com **编辑部电话：010 -66070084**
市场营销部电话：010 -66033393 **邮购部电话：010 -66033288**

（如有印装质量问题，请与本社印务部联系调换。电话：010 -66032926）